MW01632998

EL DIOS *de* ABRAHAM, DE ISAAC Y DE JACOB

WATCHMAN NEE

Living Stream Ministry
Anaheim, California

Primera edición: noviembre de 1997.

ISBN 1-57593-377-2

Traducido del inglés
Título original: *The God of Abraham, Isaac, and Jacob*
(Spanish Translation)

Publicado por

Living Stream Ministry
1853 W. Ball Road, Anaheim, CA 92804 U.S.A.
P. O. Box 2121, Anaheim, CA 92814 U.S.A.

Impreso en los Estados Unidos de América

97 98 99 00 01 02 / 9 8 7 6 5 4 3 2 1

CONTENIDO

PREFACIO

A principios de 1940, Watchman Nee dio un estudio acerca de Abraham, Isaac y Jacob. En 1955 la librería evangélica de Taiwan publicó estos mensajes en chino con el título *El Dios de Abraham, Isaac y Jacob*. El presente tomo es una traducción de dicha obra.

PREFACIO A LA EDICION EN CHINO

Dios dijo: "Yo soy el … Dios de Abraham, Dios de Isaac, y Dios de Jacob" (Ex. 3:6).

Dios hizo una obra especial en tres personas —Abraham, Isaac y Jacob—, cuyas experiencias fueron específicas, para formar un pueblo que estuviera sujeto a Su nombre. Abraham conoció a Dios como Padre y comprendió que todo proviene de El. Isaac se deleitó en el Hijo y entendió que todo lo que tiene el Hijo proviene del Padre. Y Jacob experimentó el quebrantamiento de su vida natural, el cual efectuó el Espíritu Santo para forjar a Cristo en él.

Abraham, Isaac y Jacob constituyen el comienzo de la historia del pueblo de Dios. La experiencia completa de ellos debe ser la experiencia del pueblo de Dios. Esperamos que con la publicación de este libro, los lectores encuentren el significado espiritual contenido en las experiencias de estos tres hombres que constan en la Palabra de Dios. Bendiga Dios este libro y a sus lectores y guíenos a un conocimiento profundo del Dios de Abraham, Isaac y Jacob a fin de que seamos vasos que den testimonio de El.

Los editores
Librería evangélica de Taiwan
Febrero de 1955

Capitulo uno

INTRODUCCION

Lectura bíblica: Ex. 3:6, 15-16; Mt. 22:31-32

UNO

Leemos en 1 Corintios 10:11: "Y estas cosas les acontecieron en figura..." La Biblia relata la historia de los israelitas como un ejemplo para que nosotros seamos edificados. A pesar de que existe una diferencia aparente entre la obra de Dios en el Antiguo Testamento y Su obra en el Nuevo, el principio es el mismo en ambos. El principio que Dios usa al actuar hoy es el mismo que usó en el pasado.

Dios escogió a los israelitas para que fueran Su pueblo, y también escogió un pueblo de entre los gentiles con el mismo propósito (Hch. 15:14). La Biblia dice que nosotros somos conciudadanos y miembros de la familia de Dios (Ef. 2:19) y que somos los verdaderos judíos (Ro. 2:29). Por lo tanto, la historia de los israelitas es un modelo para nosotros. Examinemos la manera en que Dios se relaciona con Su pueblo, es decir, la manera en que El edifica a Su pueblo. Quisiéramos presentar en este libro lo que debemos experimentar para poder llegar a ser el pueblo de Dios. Discutiremos esto estudiando la historia de Abraham, la de Isaac y la de Jacob, pues cada uno de ellos ocupa un lugar específico en la Biblia.

DOS

La Biblia nos muestra que el pueblo de Dios tuvo dos comienzos. En primer lugar, comenzó con Abraham porque la elección y el llamamiento de Dios se iniciaron con él, y comenzó también como la nación de Israel. Dios les dijo a los israelitas que serían Su pueblo de entre todas las naciones. Ellos llegarían a ser un reino de sacerdotes y una nación santa (Ex. 19:5-6). De manera que Abraham fue un comienzo específico del pueblo de Dios, e igualmente lo fue la nación de Israel. En medio de estos dos comienzos, Dios obtuvo tres personas: Abraham, Isaac y Jacob. Primero Abraham, luego Isaac y luego Jacob, y más adelante, Israel como nación. Desde entonces, la nación de Israel se convirtió en el pueblo de Dios, y Dios tenia un pueblo que le pertenecía. Podemos, entonces, decir que Abraham, Isaac y Jacob son los cimientos de la nación de Israel. Sin Abraham, Isaac y Jacob no existiría la nación de Israel y, por ende, tampoco existiría el pueblo de Dios, pues éste es formado mediante la experiencia de Abraham, Isaac y Jacob.

TRES

Es interesante notar que Dios dijo: "Yo soy el ... Dios de Abraham, Dios de Isaac y Dios de Jacob" (Ex. 3:6). El dijo esto en el Antiguo Testamento, y el Señor Jesús se refirió a esta cita en el Nuevo. El título "el Dios de Abraham, el Dios de Isaac y el Dios de Jacob" se cita en los evangelios de Mateo, Marcos y Lucas (Mt. 22:32; Mr. 12:26; Lc. 20:37). Además, el Señor Jesús dijo que veremos a Abraham, a Isaac y a Jacob en el reino de Dios (Lc. 13:28), y que "vendrán muchos del oriente y del occidente, y se reclinarán a la mesa con Abraham e Isaac y Jacob en el reino de los cielos" (Mt. 8:11). El solamente menciona los nombres de Abraham, Isaac y Jacob. Esto muestra que Abraham, Isaac y Jacob ocupan un lugar especial en la Biblia.

CUATRO

¿Por qué Abraham, Isaac y Jacob ocupan un lugar tan especial en la Biblia? Porque Dios desea elegir hombres sobre los cuales establecer Su nombre y a los cuales constituir pueblo Suyo. Dios comenzó a reunir para Sí un pueblo con Abraham. Su comienzo espiritual fue Abraham, y Su obra en él nos muestra la experiencia por la cual el pueblo de Dios debe pasar. Todo el pueblo de Dios tiene que pasar por esta experiencia. Primero, Dios le dio a Abraham experiencias particulares, y luego por medio de él transmitió estas experiencias a todo Su pueblo. Luego hizo lo mismo con Isaac y más tarde con Jacob. Así que, la nación de Israel está fundada sobre Abraham, Isaac y Jacob. La disciplina que recibieron estos tres hombres delante de Dios y las experiencias que atravesaron culminaron en la formación del pueblo de Dios. Por tanto, la totalidad de las experiencias de Abraham, de Isaac y de Jacob son las experiencias que deben tener todos los que constituyen el pueblo de Dios. Lo que ellos lograron debe ser lo que todo el pueblo de Dios debe lograr. Si sólo tenemos la experiencia de Abraham, o si sólo tenemos la experiencia de Isaac o si sólo tenemos la experiencia de Jacob, no podemos llegar a ser el pueblo de Dios, pues una sola de éstas no basta. Necesitamos hacer nuestro lo que lograron Abraham, Isaac y Jacob para llegar a ser el pueblo de Dios.

Dios le dijo a Isaac: "Yo soy el Dios de Abraham tu padre ... yo estoy contigo, y te bendeciré, y multiplicaré tu descendencia por amor de Abraham mi siervo" (Gn. 26:24). A Jacob le dijo: "Yo soy Jehová, el Dios de Abraham tu padre, y el Dios de Isaac: la tierra en que estás acostado te la daré a ti y a tu descendencia" (28:13). A los israelitas les dijo: "Y os meteré en la tierra por la cual alcé mi mano jurando que la daría a Abraham, a Isaac y a Jacob; y yo os la daré por heredad" (Ex. 6:8). Esto nos muestra que los israelitas entraron en la herencia de Abraham, Isaac y Jacob. No tenían ninguna heredad propia, así que entraron en la herencia de estos tres hombres. Cada uno de éstos ocupa una posición específica delante de Dios. Sus diferentes experiencias espirituales tipifican tres principios espirituales diferentes. En otras palabras, todo el pueblo de Dios debe contener el elemento de Abraham, el elemento de Isaac y el elemento de Jacob. Sin estos elementos no podemos ser el pueblo de Dios. Todo verdadero israelita y todo miembro auténtico del pueblo de Dios debe decir que Abraham, Isaac y Jacob son sus progenitores. No basta con decir que Abraham es nuestro progenitor, porque Ismael y sus descendientes también pueden decir lo mismo. Tampoco es suficiente decir que Abraham e Isaac son nuestros padres, porque Esaú y sus descendientes pueden decir lo mismo. El pueblo de Dios tiene que decir que sus padres son Abraham, Isaac y Jacob. Tenemos que incluir a Jacob como nuestro padre a fin de ser aptos como pueblo de Dios. Los necesitamos a los tres a fin de poder ser justificadamente el pueblo de Dios.

CINCO

El nombre original de Abraham era Abram, antes de que Dios se lo cambiara por Abraham (Gn. 17:5). La raíz de ambos nombres es *Abra,* que en el idioma original significa "padre". Abraham mismo era un padre, y aprendió a conocer a Dios como el Padre. Durante toda su vida aprendió esta lección específica: Dios es el Padre.

¿Qué significa saber que Dios es el Padre? Significa reconocer que todo proviene de Dios. El Señor Jesús dijo: "Mi Padre hasta ahora trabaja, y Yo también trabajo" (Jn. 5:17). El no dijo: "Mi Dios hasta ahora trabaja", sino: "Mi Padre". Dios el Padre significa Dios el Creador, el único origen. El Hijo fue enviado por el Padre. "No puede el Hijo hacer nada por Sí mismo, sino lo que ve hacer al Padre; porque todo lo que el Padre hace, también lo hace el Hijo igualmente" (v. 19). Esta debe ser nuestra experiencia. Necesitamos recibir gracia de parte de Dios para comprender que no podemos iniciar nada, y de hecho, no nos corresponde hacerlo. Génesis 1 comienza diciendo: "En el principio creó Dios..." En el principio no estábamos nosotros sino Dios. Dios es el Padre, y todo se origina en El.

El día que Dios le muestre a usted que El es el Padre, será un día bienaventurado. En ese día comprenderá que usted no puede hacer nada y que es incapaz y no tendrá que tratar de evitar hacer esto o aquello. Por el contrario, usted preguntará: "¿Ha iniciado Dios esto?" Esto fue lo que experimentó Abraham, lo cual nos muestra que nunca le cruzó por su mente que llegaría a ser el pueblo de Dios. Abraham no empezó nada; Dios lo inició todo. Fue Dios el que lo trajo del otro lado del río Eufrates (Gn. 12:1-5). Dios lo necesitaba y lo llamó. Abraham nunca concibió semejante obra. ¡Aleluya! Dios lo necesitaba y El mismo hizo la obra.

Dios es el Padre. Abraham no se ofreció voluntariamente para ir a la tierra que fluye leche y miel, Dios lo llamó primero, y sólo entonces Abraham salió de su lugar y tomó posesión de ella. El no sabía nada al respecto. Cuando fue llamado a salir de donde estaba, no sabía adónde iba (He. 11:8). Abandonó la tierra de sus padres sin saber adónde iba. Así era Abraham. El no tomaba la iniciativa, ya que Dios era el iniciador de todo. Si usted se percata de que Dios es el Padre, no estará tan confiado ni dirá que puede hacer lo que quiera. Solamente dirá: "Si es la voluntad del Señor, haré esto o aquello. Todo lo que diga el Señor, esto haré". Esto no significa que debemos estar indecisos, sino que debemos estar conscientes de que verdaderamente no sabemos qué hacer hasta que el Padre nos revele Su voluntad.

Abraham tampoco sabía que iba a engendrar un hijo. Hasta su hijo lo tuvo que recibir de Dios, pues él no podía iniciar nada. Su hijo le fue dado por Dios. Así se describe a Abraham.

Abraham conoció a Dios como el Padre. Esta clase de conocimiento no es un concepto doctrinal. Este tipo de conocimiento lo conduce a uno a confesar: "Dios, yo no soy el origen. Tú eres el origen de todas las cosas, y también mi propio origen. Sin Ti, yo no tendría comienzo". Si no tenemos la comprensión que Abraham tenía, no podemos ser el pueblo de Dios. La primera lección que debemos aprender es comprender que no podemos hacer nada y que todo depende de Dios. El es el Padre y el Iniciador de todo.

SEIS

¿Qué lección aprendemos de Isaac? Gálatas 4 dice que Isaac es el hijo que había sido prometido (v. 23). En Isaac también reconocemos que todo viene del Padre. La historia de Abraham, Isaac y Jacob, relatada en Génesis 11—50, nos muestra que Isaac era un hombre común y corriente. El no fue como Abraham, ni tampoco como Jacob. Abraham vino del otro lado del río grande; era un pionero. Isaac no fue así, y tampoco fue como Jacob, cuya vida estuvo llena de dificultades y quien sufrió mucho. La vida de Isaac consistió en disfrutar la herencia de su padre. Es cierto que él abrió varios pozos de agua, pero aun éstos habían sido abiertos anteriormente por su padre. "Y volvió a abrir Isaac los pozos de agua que habían abierto en los días de Abraham su padre, y que los filisteos habían cegado después de la muerte de Abraham; y los llamó por los nombres que su padre los había llamado" (Gn. 26:18). La lección que nos enseña Isaac es que no tenemos nada que no hayamos heredado del Padre. Pablo pregunta: "¿Qué tienes que no hayas recibido?" (1 Co. 4:7). En otras palabras, todo lo que tenemos lo hemos recibido, pues viene del Padre. En esto se resume la vida de Isaac.

Muchas personas no alcanzan la posición de Abraham, porque no pueden estar en la posición de Isaac. No llegan a ser Abraham porque no llegan a ser Isaac. Es imposible tener la experiencia de Abraham sin tener la experiencia de Isaac. Asimismo, es imposible tener la experiencia de Isaac sin tener la experiencia de Abraham. Debemos ver que Dios es el Padre y que todo procede de El, y también que somos los hijos y que todo lo que tenemos viene de El. La vida del Hijo, la cual heredamos, proviene de El. Ante Dios, nosotros solamente somos personas que reciben, pues la salvación, la victoria, la justificación, la santificación, el perdón y la libertad las hemos recibido. Por consiguiente, Isaac representa el principio de recibir. Debemos decir: "¡Aleluya! ¡Aleluya! Todo lo que tenemos viene de Dios". En la Palabra de Dios vemos que todo lo que El le prometió a Abraham lo prometió a Isaac. Dios no le dio nada adicional a Isaac; le dio a Isaac lo que le había dado a su padre. Esta es nuestra salvación y nuestra liberación.

SIETE

Examinemos ahora a Jacob. Muchos cristianos comprenden que Dios es el origen de todo y también ven que todo lo que tienen lo han recibido. Pero existe un problema: muchos cristianos no reciben. Sabemos que todo lo que tenemos lo hemos recibido y que si no recibimos nada, sólo nos quedará la vanidad y el vacío. Sin embargo, es posible que no estemos dispuestos a recibir y que sigamos tratando de hacer cosas por nuestra cuenta. ¿Por qué? Porque no vencemos por la ley de vida, sino que procuramos vencer por nuestra propia voluntad. Una de las razones por las cuales obramos así, es que el principio de Jacob todavía permanece en nosotros; la actividad de la carne, el poder del alma, y la vida natural todavía están presentes. Doctrinalmente, sabemos que Dios es el iniciador de todo, pero en la práctica iniciamos muchas cosas. Recordamos una doctrina por dos semanas, pero para la tercera ya la hemos olvidado; luego intentamos de nuevo iniciar algo. Nos comportamos así porque Jacob todavía está presente en nosotros. Si la doctrina de vencer y la enseñanza de la santificación sólo nos dicen que todo viene de Dios y que sólo necesitamos recibir, sin decirnos que la vida natural necesita ser eliminada, dicha doctrina y dicha enseñanza no están completas y no son prácticas. Si una enseñanza no toca la vida del alma, solamente nos alegrará por varios días, y luego todo se acabará. Necesitamos ver que Dios está a la Cabeza de todas las cosas, y que nosotros simplemente recibimos. Al mismo tiempo, necesitamos darnos cuenta de que nuestra vida natural tiene que ser confrontada; sólo entonces veremos la bondad del Hijo y Su sumisión al Padre. Solamente si aceptamos la disciplina del Espíritu Santo y estamos dispuestos a que nuestra vida natural sea quebrantada, recibiremos la promesa del Hijo y seguiremos el camino del Padre. Esto es lo que vemos en la vida de Jacob.

Jacob se caracterizaba por su astucia. El era una persona excepcionalmente suspicaz que podía engañar a cualquiera. Engañó a su hermano, a su padre y a su tío. El podía inventar cualquier cosa, hacer cualquier cosa y lograr cualquier cosa. El no era como su padre, que simplemente era un hijo, sino que fue a su tío con las manos vacías y regresó lleno de posesiones. Esto es lo que representa Jacob.

¿Qué lección aprendemos de Jacob? Abraham nos muestra al Padre, Isaac al Hijo, y Jacob al Espíritu Santo. Esto no significa que Jacob represente al Espíritu Santo, sino que sus experiencias representan la obra del Espíritu Santo. La historia de Jacob tipifica la disciplina del Espíritu Santo. En él vemos a una persona astuta llena de maquinaciones y engaños. Pero al mismo tiempo, vemos una persona a quien el Espíritu Santo quebrantó gradualmente. El tomó por el calcañar a su hermano, pero de todos modos nació el segundo; engañó a su hermano dándole un plato de lentejas por la primogenitura; aún así, fue él quien tuvo que huir de casa, no su hermano. El recibió la bendición de su padre, pero fue él quien tuvo que vagar errante, no su hermano. Cuando fue a la casa de su tío, él quería casarse con Raquel, pero Labán le dio a Lea primero, no a Raquel. Por veinte años, lo consumía el calor de día y la helada de noche (Gn. 31:40). Ciertamente tuvo una vida trajinada y difícil. Todas estas experiencias eran parte del quebrantamiento del Espíritu Santo; fueron las pruebas por las que tuvo que pasar. Aquellos que son capaces de urdir tramas y maquinaciones verán la mano de Dios sobre ellos. La vida natural tiene que brotar cuando uno es sometido a presión. La historia de Jacob es un cuadro del quebrantamiento que produce el Espíritu Santo.

Algunos hermanos son excepcionalmente sagaces, analíticos, suspicaces, calculadores e ingeniosos. Pero tenemos que recordar que nuestra conducta no se basa en la sabiduría

carnal sino en la gracia de Dios (2 Co. 1:12). Jacob experimentó el quebrantamiento continuo del Espíritu Santo y, como resultado, nunca pudo salirse con la suya a pesar de su sagacidad. Aquella noche en Peniel aprendió la lección más grande; esa fue la noche más importante de su vida. El pensaba que podía salirse con la suya en su relación con los demás e incluso con Dios. Pero cuando se enfrentó cara a cara con El, Dios tocó el encaje de su muslo, y quedó cojo (Gn. 32:25). El tendón del encaje del muslo es el más fuerte de todo el cuerpo. Al tocarlo Dios, tocaba la parte más fuerte de su vida natural. ¡Desde ese día, quedó cojo! Antes de quedar cojo, él era Jacob; después de quedar cojo, surgió Israel (v. 28). De ese momento en adelante, ya no era un suplantador sino uno que era suplantado. Antes había engañado a su padre, pero después fue engañado por sus hijos (37:28-35). El astuto Jacob de antes nunca habría dejado que lo engañaran sus hijos, porque él mismo era un engañador; jamás habría confiado en otros. Cuanto más una persona engaña, tanto más desconfía, dado que juzga a los demás según su propio corazón. Pero ahora las cosas eran diferentes. El Jacob de ahora era diferente del Jacob de antes; ya no confiaba en su propia astucia. Esta es la razón por la cual sus propios hijos pudieron engañarlo. Jacob derramó muchas lágrimas y su fuerza natural fue sojuzgada y llegó a Su fin. Esta es la clase de experiencia que nos constituye el pueblo de Dios. Un día

Dios lo iluminará y le mostrará cuán malvado y sagaz es usted. Cuando Dios le muestre quién es usted, no se atreverá a levantar el rostro; la luz de Dios le pondrá fin y lo conducirá a admitir que usted está acabado; tampoco se atreverá a servir a Dios, pues sabrá que no es apto para servirle. Desde ese momento, usted no volverá a confiar en sí mismo. Esta es la disciplina del Espíritu Santo.

OCHO

En conclusión, Abraham nos muestra que todo pertenece a Dios, que no podemos hacer nada por nuestra cuenta. Isaac nos muestra que todo procede de Dios; que a nosotros sólo nos corresponde recibir. Pero si sólo recibimos y no tenemos el quebrantamiento del Espíritu Santo, faltará algo. Esto es lo que nos muestra Jacob. Un día el Señor vendrá a nosotros, nos tocará y desencajará nuestro muslo; juzgará nuestra vida natural. Entonces nosotros nos volveremos humildes y le seguiremos con temor y temblor; no seremos descuidados ni haremos propuestas precipitadamente. Con cuánta facilidad hacemos propuestas y actuamos sin haber orado. Cuán fácil nos es desarrollar una confianza en nosotros mismos independiente de Dios. Dios tiene que tocar nuestra vida natural de manera drástica; El tiene que quebrantarla y mostrarnos que no podemos hacer nada por nosotros mismos. Cuando veamos esto, quedaremos cojos. Estar cojo no significa que uno no puede caminar, sino que al caminar, reconocemos nuestra debilidad e inutilidad. Este es un rasgo común de todos los que conocen a Dios. Dios no conduce una persona a este punto a menos que ella tenga la experiencia de Peniel. Todos los que todavía son ingeniosos, seguros de sí mismos y fuertes no han experimentado el quebrantamiento del Espíritu Santo.

Que Dios abra nuestros ojos para que veamos la relación que existe entre estas tres clases de experiencias. Las tres son específicas y, aún así, se relacionan en el resultado que producen. No podemos tener una sola, ni solamente dos. Necesitamos entender con claridad las tres experiencias a fin de poder avanzar en el camino de Dios.

CAPITULO DOS

EL LLAMAMIENTO DE ABRAHAM

Lectura bíblica: He. 11:8-10; Hch. 7:2-5; Gá. 3:8; Gn. 11:31—12:3, 7a; 13:14-17; 14:21-23

Ya mencionamos que Dios desea obtener un grupo de personas que lleven Su nombre y sean Su pueblo. El quiere obtener un grupo de personas que puedan decir que pertenecen a Dios y que son Su pueblo. A fin de lograr esta meta, El primero trabajó en Abraham, luego en Isaac, y por último en Jacob. Las experiencias de Abraham junto con las de Isaac y las de Jacob constituyen las experiencias básicas de todos los que deseen ser el pueblo de Dios. Esto significa que ser el pueblo de Dios no se produce por casualidad. A fin de ser el pueblo de Dios, necesitamos tener experiencias específicas con El; debemos pasar por una medida de disciplina y cierto adiestramiento antes de poder ser el pueblo de Dios y vivir para Dios en la tierra. Las experiencias básicas que se necesitan para ser el pueblo de Dios son las de Abraham, Isaac y Jacob. En otras palabras, aunque muchas personas puedan llevar el nombre de Dios y sean reconocidas exteriormente como pueblo Suyo, en realidad no son aptas para serlo, a menos que vean que todo lo que tienen proviene de Dios, que todo lo han recibido y que Dios tiene que despojarlos de todo lo que pertenece a la vida natural. De no ser así, no podrán ser útiles en las manos de Dios.

ABRAHAM ES EL COMIENZO DE LA OBRA DE RECOBRO DE DIOS

Vayamos al relato de Abraham. Todos los que leen la Biblia notarán la importancia de Abraham. Su nombre se menciona al comienzo del Nuevo Testamento. El Señor Jesús habló de Abraham muchas veces en Sus discursos, pero a Adán, por ejemplo, no lo mencionó. El dijo: "Antes que Abraham fuese, Yo soy" (Jn. 8:58). El no dijo: "Antes que Adán fuese, Yo soy". Tampoco se refirió a Adán como padre de los judíos, sino a Abraham (v. 56). Abraham era su punto de partida.

Que el Señor abra nuestros ojos para que veamos que Abraham es el punto de partida en el plan redentor de Dios y en Su obra de restauración. Romanos 4 nos dice que Abraham es el padre de los que creen (v. 17). Todo creyente comienza en Abraham; su punto de partida es Abraham, no Adán. Adán es el comienzo del pecado, pues el pecado entró en el mundo por un hombre (5:12). Aquel fue un comienzo corrupto. A pesar de que Abel ofreció sacrificios a Dios por fe, de que Enoc caminó con Dios y de que Noé temía a Dios, y toda su familia entró con él en el arca, no podemos recibir bendición de ninguno de éstos, pues no eran más que buenos individuos y, por tanto, ninguno de ellos puede ser el comienzo de la obra de restauración de Dios. Abel, Enoc, Noé y Abraham creyeron en Dios, pero existe una gran diferencia entre Abraham y los demás. Abraham ocupa un lugar mucho más importante en el plan de redención que ellos, porque la obra de restauración la comenzó Dios con él.

Debemos tener presente que Abraham es diferente de los demás hombres. Desde que Adán pecó, ha existido en la humanidad una línea de pecado. Aunque Abel, Enoc y Noé eran buenas personas, no pudieron interrumpir la línea de pecado ni cambiar la condición pecaminosa. El hombre había caído y había fracasado. A pesar de que estos tres hombres eran buenos, sólo lo fueron a nivel individual. Existe una gran diferencia entre ser bueno individualmente y producir un cambio. El primer caso en el que Dios usó a un hombre para cambiar la situación de pecado fue el caso de Abraham. Antes de éste, Dios obró en algunos individuos, pero no hizo nada que cambiara la situación de pecado. La primera vez que Dios movió Su mano para cambiar la condición pecaminosa se produjo cuando El escogió a Abraham. En otras palabras, el primer acto restaurador ocurrió en el caso de Abraham. La corriente del pecado había estado avanzando, y en medio de ella encontramos a Abel, Enoc y Noé. Abraham fue la primera persona mediante la cual Dios cambió la corriente. El levantó a Abraham y por conducto de él trajo la obra de liberación. Por medio de él vino el Salvador y la redención. Por esta razón, el evangelio que contiene el Nuevo Testamento comienza con Abraham. Que el Señor tenga misericordia de nosotros para que no nos limitemos a dar una exposición de la Biblia ni a ayudar a otros a entender algún tema de la misma. Esperamos que Dios en Su misericordia nos manifieste lo que está haciendo.

La redención fue efectuada por el Señor Jesús; sin embargo, comenzó con Abraham. Dios ha estado llevando a cabo una obra de restauración a lo largo de las edades y la continuará hasta el milenio. Pero el punto de partida se halla en Abraham. En otras palabras, el centro de la redención es el Señor Jesús, y su consumación se producirá al final del milenio cuando vengan el nuevo cielo y la nueva tierra. Sin embargo, comenzó con Abraham. Desde los días de Abraham hasta el final del milenio, Dios continuamente ha realizado, y seguirá realizando, una obra de restauración. Durante el largo proceso de dicha obra, el Señor Jesús es el centro, pero nunca debemos olvidar que el punto de partida fue Abraham.

Esta es la característica especial de Abraham. Lo que Dios hizo al escoger a Abraham fue muy diferente de lo que en Su gracia hizo con Abel, Enoc y Noé. Cuando Dios tomó para Sí a Abel, a Enoc y a Noé, sólo obtuvo individuos, pero cuando escogió a Abraham, no obtuvo un solo hombre, pues cuando lo llamó, le dijo claramente el motivo de dicho llamado. Le dijo que dejara su tierra, su parentela y la casa de su padre y fuera a la tierra de Canaán, y le prometió hacer de él una gran nación por medio de la cual todas las familias de la tierra serían benditas (Gn. 12:1-3). En otras palabras, el llamamiento y la elección de Abraham tenían como propósito reparar la situación pecaminosa; no estaban dirigidas solamente a Abraham como individuo. Dios llamó a Abraham porque quería usarlo, fue llamado a ser un vaso, parte de una obra, no simplemente a recibir la gracia. Una cosa es ser llamado a recibir la gracia, y otra muy distinta ser llamado a transmitir la gracia. El llamamiento de Abraham no tenía el fin exclusivo de impartirle gracia, sino hacer de él un transmisor de ella.

EL PROPOSITO DE DIOS AL LLAMAR A ABRAHAM

El propósito de Dios al llamar a Abraham era rescatar al hombre de su condición pecaminosa. No debemos considerar la elección de Abraham como un asunto personal. Al elegirlo, Dios tenía el propósito de recobrar al hombre que se hallaba en una condición de pecado. Examinemos detenidamente lo que incluye el llamamiento de Abraham y los resultados del mismo. En este llamado vemos el propósito, el plan y la predestinación de Dios. También vemos la solución a los problemas relacionados con el pecado y el diablo. Que el Señor abra nuestros ojos para que veamos estas verdades.

Génesis 12:1 dice: "Pero Jehová había dicho a Abram: Vete de tu tierra y de tu parentela, y de la casa de tu padre, a la tierra que te mostraré". Dios llamó a Abraham a salir de su tierra, de su parentela y de la casa de su padre. Este es un asunto de herencia, pues el versículo 2 dice: "Y haré de ti una nación grande, y te bendeciré, y engrandeceré tu nombre, y serás bendición". La expresión "una nación grande" habla de un pueblo. Leemos en el versículo 3: "Bendeciré a los que te bendijeren, y a los que te maldijeren maldeciré; y serán benditas en ti todas las familias de la tierra". Esta última frase se refiere a la meta final que tenía Dios cuando escogió a Abraham. En dicha elección se incluían tres cosas: (1) llevarlo a la tierra que Dios le mostraría, (2) hacer de él una nación grande que llegaría a ser el pueblo de Dios y (3) bendecir a todas las familias de la tierra por medio de él.

"A la tierra que te mostraré"

Dios llamó a Abraham a salir de su tierra, de su parentela y de la casa de su padre, y fuera a una tierra que El le mostraría. Abraham salió de Ur de los caldeos, una tierra idólatra. Su padre Taré moraba ahí y servía a los ídolos (Jos. 24:2). Por un lado, Dios llamó a Abraham a salir de allí, a fin de librarlo de su tierra, su parentela, y de la casa de su padre y que dejara de adorar ídolos; por otro lado, lo llamó a salir, con el propósito de introducirlo en la tierra que le mostraría, la tierra de Canaán, para que allí sirviera al Dios altísimo, dueño del cielo y de la tierra.

Dios llamó a Abraham para que entrara en Canaán, viviera ahí, lo expresara y ejerciera la autoridad de los cielos. Dios deseaba dar aquella tierra a sus descendientes. Por medio de Abraham y su prole, Dios quería tomar posesión de la tierra, ejercer Su autoridad y expresar Su gloria en la tierra. Esta era la razón primordial por la cual llamó a Abraham.

En Mateo 6 el Señor Jesús enseñó a Sus discípulos a orar, diciendo: "Padre nuestro que estás en los cielos, santificado sea Tu nombre. Venga Tu reino. Hágase Tu voluntad, como en el cielo, así también en la tierra" (vs. 9-10). La intención de Dios es que Su pueblo traiga Su autoridad y Su voluntad a la tierra. La iglesia hoy debe ser el lugar donde la gloria de Dios se expresa y donde Su autoridad y Su voluntad se llevan a cabo. El lugar donde el pueblo de Dios obedece a Su voluntad y permite que Su autoridad se extienda entre ellos, es el lugar donde la autoridad y la voluntad de Dios se llevan a cabo. Dios desea obtener un grupo de personas en la tierra que sean Su pueblo. Esto significa que El desea que entre los hombres Su autoridad y voluntad se lleven a cabo en la tierra así como en el cielo. Esta era la meta de Dios al llamar a Abraham y también es Su meta al llamarnos a nosotros a ser Su pueblo.

"Haré de ti una nación grande"

Dios llamó a Abraham no sólo para conducirlo a la tierra que El le mostraría, sino también para hacer de él una gran nación. La meta de Dios es obtener un grupo de personas para que sean Su pueblo. Dios llamó a Abraham con el propósito de hacer de él y sus descendiente un pueblo. En otras palabras, la elección de Dios comenzó con Abraham. El llamó a un hombre de entre muchos y de ahí en adelante, se reveló a este hombre y realizó Su salvación por medio de él. La salvación provendría de él. Dios alcanzaría Su meta con el hombre que había escogido y llamado.

Abraham fue elegido, lo cual significa que Dios llamó para Sí a un hombre de entre todos los hombres. Dios quería obtener un grupo de personas para Sí mismo. En el Antiguo Testamento Dios estableció una nación, Israel, debido a que deseaba obtener un pueblo en la tierra, un grupo de personas que estuvieran apartadas para El, para Su gloria, y que le pertenecieran a El.

Aunque Dios toleró a los israelitas pese a sus muchos pecados, no los toleró cuando se entregaron a la idolatría. Adorar ídolos constituye un pecado grave, pues el lugar que le corresponde a Dios nunca puede ser usurpado por los ídolos. El propósito de Dios al escoger un pueblo es que éste llegue a ser Su testimonio en la tierra. ¿Qué es lo que deben testificar? Ellos deben dar testimonio de Dios. Dios se estableció en medio de Su pueblo. En otras palabras, el pueblo de Dios es el vaso que lo contiene. Dondequiera que esté el pueblo de Dios, ahí estará el testimonio de Dios. Rabsaces, un general de Asiria, el enemigo de los hijos de Israel, dijo: "¿Dónde está el dios de Hamat y de Arfad? ¿Dónde está el dios de Sefarvaim, de Hena, y de Iva? ... ¿Qué dios de todos los dioses de estas tierras ha librado su tierra de mi mano, para que Jehová libre de mi mano a Jerusalén?" (2 R. 18:34-35). Esto nos muestra que antes de que los enemigos de los israelitas pudieran vencerlos, tenían que vencer primero a Jehová porque los israelitas eran uno con El. Dios se radicó en medio de Su pueblo. El puso en medio de ellos Su misma persona, Su gloria, Su autoridad y Su poder.

Hechos 15:14 dice: "Dios visitó ... a los gentiles, para tomar de ellos pueblo para Su nombre". Este es el cuadro descrito en el Nuevo Testamento, donde la iglesia constituye el pueblo de Dios, y en ella se encuentran el testimonio, la obra y la voluntad de Dios.

La meta de Dios es obtener un grupo de personas para Sí, las cuales declararán: "Pertenecemos a Jehová; somos del Señor". Es por esto que la Biblia da tanto énfasis a la confesión que la persona hace de Cristo. El Señor dijo: "Todo aquel que se confiese en Mí delante de los hombres, también el Hijo del Hombre se confesará en él delante de los ángeles de Dios; mas el que me niegue delante de los hombres, será negado delante de los ángeles de Dios" (Lc. 12:8-9). El Señor quiere obtener personas que confiesen Su nombre. Muchas veces, confesar a Cristo no es necesariamente predicar el evangelio, sino declarar: "¡Pertenezco al Señor! ¡Pertenezco a Dios!" Este es el testimonio de Dios. De este modo Dios obtendrá algo. El desea obtener un grupo de personas que declaren: “Pertenecemos a Dios, y El es nuestro único interés”.

“Serán benditas en ti todas las familias de la tierra”

Dios también le dijo a Abraham: “Serán benditas en ti todas las familias de la tierra” (Gn. 12:3), lo cual muestra que Dios no se olvidó de las naciones. Dios no bendice a las naciones de la tierra directamente, sino por medio de Abraham. Dios escogió a un hombre, y éste llegó a ser un vaso. De este hombre nació una familia, a partir de la cual surgió una nación, y mediante esta nación fueron benditas todas las familias de la tierra. Dios no bendice a las naciones directamente, sino que actúa en un solo hombre primero, y por medio de él bendice a todas las familias de la tierra. Dios depositó toda Su gracia, poder y autoridad en este hombre, y luego por medio de él impartió todo ello a todos los hombres. Este es el principio aplicado en la elección de Abraham, y sigue en vigencia aún hoy. Por consiguiente, lo más importante para Dios es escoger Su vaso. Sin duda alguna, los que son escogidos como vasos deben conocerle. La bendición para las familias de la tierra dependía completamente de Abraham. En otras palabras, el propósito eterno de Dios y Su plan están ligados a los hombres que El escoge. La firmeza o el fracaso de los escogidos de Dios determinan el éxito o el fracaso del propósito de Dios y de Su plan.

Esta es la razón por la cual Abraham tuvo que pasar por tantas experiencias y recibir tanto de parte de Dios antes de poder impartir a otros lo que él había recibido. Con razón Abraham tuvo que pasar por tantas pruebas y confrontar tantos problemas. Sólo de este modo otros podrían recibir ayuda y beneficio. Abraham conocía a Dios; por tanto, él es el padre de los que creen. Aquellos que tienen fe son hijos de Abraham (Gá. 3:7), pues son engendrados por él. Sabemos que todas las obras espirituales se basan en el principio de “engendrar”, no en el principio de “predicar”; los hijos se engendran; no se producen por la predicación. Para que Dios recupere al hombre, éste debe creer. Solamente los que creen serán justificados. ¿Qué hace Dios? Primero conduce al hombre a creer para que sea un creyente, y de éste muchos más son engendrados.

Debemos recordar que es inútil predicar sin engendrar. La predicación sólo comunica doctrinas, las cuales son transmitidas de boca en boca. Después de dar la vuelta al mundo y regresar al que las profirió, seguirán siendo doctrinas y nada más. ¿De qué le sirve a alguien predicar celosamente la doctrina de la salvación, si él mismo no conoce a Dios ni ha sido engendrado por El? Pero si una persona da testimonio de su salvación y de cómo conoció a Dios, aunque no predique, otros podrán palpar algo verdadero. Sólo esta clase de persona engendrará a otros. El principio de la obra de Dios es hacer algo en una persona primero y luego engendrar a otros por medio de ella. La obra de Dios está en la esfera de la vida, y cuando El siembra la semilla de vida en una persona, la semilla crece. Pablo les dijo a los corintios: "No escribo esto para avergonzaros, sino para amonestaros como a hijos míos amados ... pues en Cristo Jesús yo os engendré por medio del evangelio" (1 Co. 4:14-15). En la obra espiritual, engendrar es un principio crucial. El principio fundamental de la obra espiritual es engendrar, no predicar.

Que Dios abra nuestros ojos para que veamos cuán inútil es predicar algo que nosotros mismos no tenemos. Si tenemos la semilla, tenemos el crecimiento. Sin la semilla no puede haber crecimiento. La obra de Dios gira en torno a la vida; no es una doctrina vacía. Una vez que usted pase por la senda que Dios le ha demarcado, tendrá la capacidad de engendrar. De no ser así, no será de ninguna utilidad. A fin de bendecir a todas las familias de la tierra, Dios primero tuvo que obrar en Abraham. A fin de tener un grupo de creyentes, Dios primero obtuvo uno. Abraham fue el primero que creyó. Luego muchos creyentes fueron engendrados por medio de él. Todas las familias de la tierra son bendecidas no por escuchar un sermón, sino por recibir una vida. Dios obró primero en Abraham, y luego por medio de él extendió Su obra a mucha gente. Un día, cuando descienda la ciudad que Abraham esperaba con anhelo, la ciudad cuyo arquitecto y constructor es Dios (He. 11:10), todas las familias de la tierra serán plenamente bendecidas, y el plan eterno de Dios será consumado. La obra de redención comenzó en los días de Abraham. Dios hizo una obra en él a fin de hacerlo un vaso, pero el fin de dicha obra no era Abraham solo. Por medio de Abraham Dios llegó a otros.

LOS DOS LLAMADOS QUE DIOS HACE A ABRAHAM

Ahora veamos cómo fue llamado Abraham a seguir a Dios. Al leer Josué 24, encontramos que Abraham nació en una familia que adoraba ídolos. Así que, es interesante notar que la obra de restauración comenzó con Abraham. Dios escogió intencionalmente a tal persona. Esto nos muestra que "no es del que quiere, ni del que corre, sino de Dios que tiene misericordia" (Ro. 9:16). Abraham nunca habría pensado que Dios lo llamaría, pues no tenía nada de que jactarse. Era un hombre común que no se diferenciaba de los demás. No fue Abraham mismo el que se hizo diferente de los demás; fue Dios quien lo llamó y lo hizo diferente. Por eso necesitamos conocer la providencia de Dios. Si Dios quiere hacer algo, lo hará. Abraham era igual que todos los demás; no había un motivo particular para que Dios lo escogiera; no obstante, lo escogió. La primera lección que Abraham tuvo que aprender fue la de saber que Dios es el que lo inicia todo. Dios llamó a Abraham dos veces. Veamos cómo lo llamó la primera vez, y cómo respondió él al llamamiento de Dios.

El primer llamamiento: en Ur

El primer llamamiento ocurrió en Mesopotamia, en Ur de Caldea. Esteban dijo: "El Dios de la gloria apareció a nuestro Padre Abraham, estando en Mesopotamia, antes que morase en Harán" (Hch. 7:2). Vemos que Dios llamó a Abraham antes de que saliera de Ur. El propio Dios de la gloria apareció a Abraham y lo llamó a salir de su tierra, su parentela y la casa de su padre, y a ir a una tierra que El le mostraría. ¿Creyó Abraham? Hebreos 11 nos dice que sí. Una vez que el hombre ve la gloria de Dios, le es imposible no creer. Abraham era un hombre común, igual a nosotros. El creyó porque el Dios de la gloria se le apareció. Dios fue la razón y la causa de su fe. Fue Dios quien inició y quien le hizo creer.

¿Era grande la fe de Abraham desde el comienzo? No. ¿Qué hizo después de oír el llamado de Dios? "Y tomó Taré a Abram su hijo, y a Lot hijo de Harán, hijo de su hijo, y a Sarai su nuera, mujer de Abram su hijo, y salió con ellos de Ur de los caldeos, para ir a la tierra de Canaán; y vinieron hasta Harán, y se quedaron allí" (Gn. 11:31). Hechos 7:2 dice que Abraham oyó el llamado en Mesopotamia. Hebreos 11:8 dice que Abraham creyó. El incidente de Génesis 11:31 ocurrió después del que se menciona en Hechos 7:2 y Hebreos 11:8. Tengamos en cuenta lo que aquí leemos: "Y tomó Taré a Abram su hijo, y a Lot hijo de Harán, hijo de su hijo, y a Sarai su nuera, mujer de Abram su hijo, y salió con ellos de Ur de los caldeos". Esta fue la primera expresión de la fe de Abraham; él no era mejor que nosotros. Dios le dijo que saliera de su tierra. ¿Obedeció Abraham? Sí, él salió, pero Dios dijo que también dejara su parentela. ¿Hizo esto? Lo hizo a medias; Lot lo acompañó. Dios le dijo que saliera de la casa de su padre, pero Abraham se llevó consigo la casa de su padre. La salida de Abraham no fue su propia decisión, sino la de su padre: "Y tomó Taré a Abram su hijo". No sabemos por qué Taré estuvo dispuesto a salir de Ur. Es posible que Abraham le haya dicho: "Dios me llamó, tengo que irme". Quizás Taré lo acompañó debido a que lo quería, aunque no podemos afirmar con certeza que ése haya sido el caso. Lo que sí podemos decir es que la persona que no recibió el llamamiento fue quien tomó la iniciativa, mientras que quien fue llamado sólo se limitó a seguir. Tal vez alguien diga: "¿No es mejor que toda la familia sea salva?" Estamos de acuerdo en que fue bueno que toda la familia fuera salva. Pero el llamamiento que se le hizo a Abraham no se relacionaba con la salvación sino con el ministerio. El llamamiento de Noé a entrar en el arca se relacionaba con la salvación, pero el llamamiento de Abraham a entrar en Canaán fue un asunto de ministerio, pues cumplía el plan de Dios. Esta es la diferencia entre Abraham y Noé. Era correcto que Noé trajera consigo toda su familia al arca, pero era erróneo que Abraham trajera consigo la casa de su padre a Canaán. Si algún miembro de nuestra familia no es salvo, es correcto conducirlo a la salvación, pero si Dios nos ha llamado a ser ministros y vasos Suyos, no podemos traer con nosotros personas que no tengan el llamado.

El comienzo de Abraham fue común; él fue llamado y simplemente creyó, aunque su fe no era excepcional. Estaba dispuesto a seguir, pero no a comprometerse plenamente. Quería obedecer, pues no estaba tranquilo si no lo hacía. Deseaba salir de Ur, pero no salió por completo de allí. El no era diferente a nosotros. Por esta razón, ninguno de nosotros debe sentirse desanimado ni pensar que es incapaz. Necesitamos saber que nuestra esperanza reposa en Dios.

¿Qué pasó después de que Abraham siguió a su padre y ambos emprendieron el camino? Se detuvieron a mitad de camino. Dios quería que fuera a Canaán, pero él se detuvo en Harán y moró ahí. No comprendía que Dios tenía que hacer una obra completa en él antes de llegar a ser Su vaso. No entendía con claridad la comisión ni el ministerio que Dios tenía para él, ni sabía por qué tenía que pagar un precio tan grande. Esto también se aplica a nosotros. Debido a que no conocemos la intención de Dios, nos preguntamos: "¿Por qué me trata Dios así? ¿Por qué no me trata como a Noé? Si Noé permaneció con su familia, ¿por qué tengo yo que dejar la casa de mi padre?". Tenemos que recordar que un vaso ordinario cuesta muy poco, mientras que un vaso fino tiene un alto precio. Dios quería que Abraham fuera un vaso de honra, así que las exigencias sobre él eran mayores. No debemos entender mal la manera en que Dios nos trata. No sabemos cómo nos va a usar Dios. Todas las experiencias que tenemos nos sirven para nuestro beneficio. Nunca debemos decir: "Si otros pueden hacer esto y aquello, ¿por qué no puedo yo hacer lo mismo?" Recordemos que Dios trata a cada persona de manera específica porque El quiere usar a esa persona de manera específica. Nuestra utilidad viene de nuestro adiestramiento específico. Por consiguiente, no debemos estar descontentos ni ser desobedientes. Resistirse a la mano de Dios o poner en tela de juicio lo que Dios hace es lo más insensato.

La obra que Dios hizo en Abraham muestra lo que Dios se proponía con él; sin embargo, Abraham no lo comprendió. El no sabía por qué Dios deseaba que él abandonara su tierra, su parentela y la casa de su padre. Solamente se alejó una corta distancia de su tierra. Aunque debía separarse de su parentela, se llevó consigo a Lot. Quería irse de la casa de su padre, pero le fue muy difícil y terminó por llevarla consigo. El no vio su ministerio ni comprendió lo que Dios estaba haciendo. Como resultado, sus días en Harán fueron un desperdicio, un retraso, y no trajeron ningún provecho.

Más tarde murió su padre, pero aún no estuvo dispuesto a separarse de su sobrino, y lo llevó consigo. Taré fue un obstáculo para Abraham sólo mientras vivía, pero Lot llegó a ser una carga para el pueblo de Dios, incluso después de su muerte. Debido a las acciones de Lot, se produjeron dos hijos. Uno fue Moab, padre de los moabitas, y el otro fue Ben-ammi, padre de los amonitas. Con el tiempo, tanto los moabitas como los amonitas fueron un problema para los israelitas.

El segundo llamamiento, en Harán

En Génesis 12 Dios llamó a Abraham por segunda vez. La primera vez lo llamó estando en Ur, mientras que la segunda fue en Harán. Dios dijo: "Vete de tu tierra y de tu parentela, y de la casa de tu padre, a la tierra que te mostraré. Y haré de ti una nación grande, y te bendeciré, y engrandeceré tu nombre, y serás bendición. Bendeciré a los que te bendijeren, y a los que te maldijeren maldeciré; y serán benditas en ti todas las familias de la tierra" (vs. 1-3). Este llamamiento fue el mismo que Dios le había hecho originalmente. El escuchó este llamado una vez más en Harán. El primero lo condujo a la mitad del camino; el segundo lo llevó hasta Canaán. ¡Debemos darle gracias al Señor incesantemente porque El nunca desiste! ¡La persistencia de Dios es maravillosa! Nosotros llegamos a ser cristianos por Su persistencia, no por nuestra capacidad de asirnos a El. Si dependiera de nosotros, ya nos habríamos soltado de El hace mucho tiempo. Abraham pudo llegar a Canaán por la persistencia de Dios. Nosotros podemos ser cristianos porque Dios nos sostiene. Gracias al Señor que El es un Dios que no nos suelta.

En la aparición de Dios a Abraham y en el llamado que le hace, vemos que El es un Dios que nunca es derrotado. ¡Dios es el Dios de la gloria! Desde la caída de Adán hasta cuando Dios se le apareció a Abraham, la Biblia narra muchas de las ocasiones en que Dios habló al hombre, pero no dice que se apareciera a ninguno. La primera vez que la Biblia cuenta que Dios se le apareció a un hombre fue el caso de Abraham en Mesopotamia. Por esta razón, decimos que la obra de restauración de Dios comenzó con Abraham. Antes de esto, Dios nunca se le había aparecido al hombre. Pero en esta ocasión, El se apareció a Abraham. A pesar de que ya habían pasado dos mil años de historia desde que el hombre había caído, y a pesar de que desde el punto de vista humano, Dios aparentemente había fallado, Su aparición nos dice que en realidad ése no era el caso. ¡No se había apartado de Su meta, pues el Dios de la gloria se apareció a Abraham! ¡Dios es el Dios de la gloria! El es el Alfa y la Omega. ¡El sigue siendo el Dios de la gloria! Nada puede ser más estable que el Dios de la gloria, y nada puede durar más que Su gloria.  Desde Adán hasta Abraham pasaron dos mil años, no veinte ni doscientos. Aunque Dios no se le apareció al hombre durante un largo tiempo, El no había fallado, pues El es el Dios de la gloria.

El Dios de la gloria apareció a Abraham y le dijo lo que debía hacer. Abraham no sólo recibió la aparición de Dios sino que le fue confiada la voluntad de Dios. El sabía lo que Dios quería que hiciera. Dios le dijo: “Vete ... a la tierra que te mostraré. Y haré de ti una nación grande ... y serán benditas en ti todas las familias de la tierra”. Dios habló de esta manera a Abraham para mostrarle que a pesar de dos mil años de fracasos humanos y a pesar de la multitud de los pecados del hombre, El venía para recuperarlo, para iniciar una obra de restauración por medio de él.

Abraham oyó el primer llamamiento de Dios y creyó. En consecuencia, salió de Ur de Caldea. Sin embargo, siguió a su padre y permaneció en Harán; sólo avanzó hasta la mitad del camino. Es muy difícil olvidar nuestra historia de salvación, pero es fácil olvidar la visión de nuestro llamado al ministerio. Nos es fácil hacer a un lado nuestro llamamiento. En el

momento que llegamos a estar ligeramente ocupados con nuestro servicio a Dios, fácilmente olvidamos nuestro ministerio y el propósito de Dios. Abraham olvidó que Dios lo había llamado. Así que necesitaba que Dios le hablara otra vez, y le volvió a decir lo mismo que le había dicho en Harán. Gracias al Señor que El nos habla una y otra vez para que sepamos sin ambigüedades lo que El desea.

Abraham oyó el llamamiento. La fe que había sido depositada en él la primera vez que fue llamado revivió. Su fe fue recobrada, y pudo continuar su camino.

Capitulo tres

ABRAHAM Y LA TIERRA DE CANAAN

Lectura bíblica: Hch. 7:2; Gn. 12:4—13:18; 14:11-23

La historia de Abraham se puede dividir en tres secciones. Génesis del 12 al 14 forman la primera sección, cuyo énfasis es la tierra de Canaán. Los capítulos del quince al veintidós constituyen la segunda, la cual gira en torno a su hijo. Y los capítulos del veintitrés al veinticinco forman la tercera sección, que narra lo que sucede con Abraham durante su vejez. Examinemos la primera sección.

Leemos en Génesis 12:4-5: "Y se fue Abram, como Jehová le dijo; y Lot fue con él. Y era Abram de edad de setenta y cinco años cuando salió de Harán. Tomó, pues, Abram a Sarai su mujer, y a Lot hijo de su hermano, y todos sus bienes que habían ganado y las personas que habían adquirido en Harán, y salieron para ir a tierra de Canaán; y a tierra de Canaán llegaron". Después que Abraham oyó el segundo llamado de Dios en Harán, salió de allí y fue a Canaán. Pero debemos darnos cuenta de que es posible que una persona llegue a Canaán sin saber para qué está ahí. No debemos pensar que al recibir la visión todo se producirá automáticamente. Una cosa es tener la visión celestial, pero es otra muy distinta obedecer dicha visión. Después de que Abraham llegó a Canaán, el versículo 7 narra lo siguiente: "Y apareció Jehová a Abram, y le dijo: A tu descendencia daré esta tierra. Y edificó allí un altar a Jehová, quien le había aparecido". Esta es la segunda vez que Dios aparece a Abraham y la tercera que le habla. Dios se le aparece y le habla una vez más para que él tenga una impresión fresca y clara de lo que Dios le había encomendado.

Es muy fácil perder la visión del llamamiento de Dios. Aun al procurar deliberadamente ser buenos cristianos, es posible perder la visión. Podemos perderla aun mientras laboramos diligentemente día tras día. No piensen que sólo las cosas de este mundo pueden nublar nuestra visión; también las cosas espirituales pueden hacerlo. Si no vivimos continuamente en la presencia de Dios, nos será fácil perder la visión del llamamiento que se nos hizo. El llamado que recibió la iglesia es el mismo que recibió Abraham. Sin embargo, muchas personas no han descubierto la esperanza de este llamamiento. Esta es la razón por la cual Pablo oró diciendo: "Para que ... sepáis cuál es la esperanza a que El os ha llamado" (Ef. 1:18). La esperanza se refiere al contenido del llamamiento que Dios hace. Que Dios nos libre de ideas preconcebidas centradas en nosotros mismos. Sabemos que Dios nos llama con una meta definida. Nuestra salvación consiste en cumplir esta meta. Si no hemos visto la substancia del llamamiento de Abraham, no entenderemos el significado de nuestro propio llamamiento. Si no hemos visto la clave del llamamiento de Abraham, no veremos nuestro propio ministerio. Si no comprendemos esto, obraremos como si edificásemos una casa sin cimientos. ¡Cuán fácil nos es olvidar lo que Dios desea! Muchas veces, cuando tenemos demasiado que hacer y la obra se vuelve un poco más agitada, perdemos de vista nuestro llamamiento espiritual. Necesitamos volver al Señor una y otra vez y suplicarle: "¡Aparéceteme continuamente y háblame!" Necesitamos tener una visión continua y eterna; necesitamos ver la meta de Dios y lo que El está haciendo.

Abraham había llegado a Canaán. Después de su llegada, ocurrieron algunas cosas. Primero, edificó tres altares y luego fue probado tres veces.

ABRAHAM EDIFICA UN ALTAR

Después de que Abraham llegó a Canaán, la Biblia nos dice que el primer lugar al que se dirigió fue Siquem, donde edificó un altar. El segundo lugar adonde se dirigió fue Bet-el, y ahí también edificó un altar. Más tarde, pasó a Egipto, y después al sur. De allí regresó a Bet-el, entre Bet-el y Hai, al lugar donde había edificado un altar. Más tarde pasó a Hebrón y ahí edificó otro altar. En estos tres sitios Abraham edificó tres altares. Los tres lugares tienen un altar y, por ende, son santificados. La Biblia nos muestra que Dios usa estos tres lugares —Siquem, Bet-el y Hebrón— para representar a Canaán. Ante Dios, Canaán tiene las mismas características de Siquem, Bet-el y Hebrón. Al examinar estos tres sitios, veremos lo que es Canaán. Veamos las características de estos tres lugares.

Siquem (hombro): fuerza

"Y pasó Abram por aquella tierra hasta el lugar de Siquem, hasta el llano de More ... Y apareció Jehová a Abram, y le dijo: A tu descendencia daré esta tierra. Y edificó allí un altar a Jehová, quien le había aparecido" (Gn. 12:6-7). Abraham llegó a Siquem. El significado de la palabra *Siquem* en el idioma original es "hombro". En el cuerpo humano el hombro es el punto donde se ejerce más fuerza. El hombro puede cargar lo que la mano no puede. Por consiguiente, *Siquem* también significa "fuerza". La primera característica de Canaán es la fuerza. Esto significa que la fuerza de Dios está en Canaán. Canaán no sólo es un lugar donde fluyen leche y miel; también es un lugar de fortaleza.

La Biblia nos muestra que el poder de Dios no es simplemente un poder milagroso, sino que es el poder de la vida; es un poder que satisface al hombre. El Señor dijo: "El que beba del agua que Yo le daré, no tendrá sed jamás; sino que el agua que Yo le daré será en él un manantial de agua que salte para vida eterna" (Jn. 4:14). ¡Cuán poderoso es esto! ¡Este es el poder de la vida! ¡La vida del Señor tiene el poder de satisfacer! Aquel que posee la vida del Señor, jamás tendrá sed, porque será satisfecho interiormente. Aquellos que están satisfechos interiormente y que han recibido la vida en su interior son los más poderosos. Ellos están en Siquem, el hombro, y son capaces de llevar una carga pesada. Agradecemos y alabamos al Señor que una característica de Canaán es el poder de la vida.

En Siquem estaba el encino de More (Gn. 12:6). El nombre *More* en el idioma original significa "el que enseña" o "enseñar". Se relaciona con el conocimiento. El encino de More estaba en Siquem. Esto significa que el conocimiento viene del poder. En otras palabras, el verdadero conocimiento espiritual viene del poder de Cristo. Si no tenemos el poder satisfaciente de la vida de Cristo, no tendremos el verdadero conocimiento espiritual y no podremos transmitir nada espiritual a los demás. Si Dios ha de tener un vaso que recupere Su testimonio en la tierra, tal vaso debe ser un vaso particular. La primera necesidad de este vaso no es recibir doctrinas, sino ser satisfecho y adquirir el poder de la vida; entonces podrá recibir el verdadero conocimiento. Existe una enorme diferencia entre la doctrina y la vida. Aquélla resulta de oír algo exteriormente, mientras que ésta se produce al recibir una visión interiormente. Uno puede olvidar lo que oyó, pero la visión interior es imposible de olvidar. Si alguien dice: "Ya no me acuerdo de la cruz, porque nadie ha predicado al respecto en éstos últimos meses", esto muestra que la cruz que él tiene es una concepto o doctrina que reside en la memoria, no es algo vivo en él. Debemos recordar que todo conocimiento auténtico se halla en el poder de la vida. El poder de Cristo es nuestro. Debido a que tenemos algo en nuestro interior, podemos compartirlo. El Señor nos da el poder y el conocimiento internos. *More* viene del poder.

No debemos comunicar a los demás meras doctrinas que nosotros hayamos oído. Debemos poseer la realidad de aquello que comunicamos. En asuntos espirituales, las personas astutas terminan por caminar en círculos. Ellos confían en su sagacidad y, como resultado, se desvían de la senda espiritual. Que el Señor nos libre de las enseñanzas objetivas.

Bet-el (la casa de Dios): el Cuerpo de Cristo

"Luego se pasó de allí a un monte al oriente de Bet-el, y plantó su tienda, teniendo a Bet-el al occidente y Hai al oriente; y edificó allí altar a Jehová, e invocó el nombre de Jehová" (Gn. 12:8). Dios no condujo a Abraham sólo a Siquem, sino que lo llevó hasta Bet-el, nombre que en el idioma original significa "la casa de Dios". Dios no busca centenares ni millares de hombres fuertes desconectados entre sí, personas como Sansón, ni tampoco pretende amontonar piedras en un montón desordenado. El desea edificar un templo, Su casa. Una de las características de Canaán es que el pueblo de

Dios que allí mora llega a ser Su templo y Su casa. Hebreos 3:6 nos dice que el encargado de esta casa no era Moisés, sino el Hijo de Dios.

Dios quiere producir un vaso con el cual cumplir Su propósito. Tal vaso debe ser Su casa. Unos cuantos predicadores dotados que prediquen el evangelio o que promuevan avivamientos no pueden cumplir dicho propósito. No es suficiente tener a Siquem (el poder). También se necesita a Bet-el. Todos los que están llenos de poder necesitan llegar a ser la casa de Dios y el Cuerpo de Cristo a fin de poder ser útiles. Dios tiene que liberarnos de toda forma de individualismo. El nos salvó no simplemente para que seamos cristianos verdaderos, sino para que seamos la casa de Dios y para que formemos un solo Cuerpo junto con todos Sus hijos. Así que, no debemos tener nuestra "libertad" personal. Es una lástima que muchos cristianos amen su libertad personal y se esfuercen tanto por preservarla. Hermanos y hermanas, si en verdad comprendemos lo que es el testimonio de la casa de Dios, y si sabemos que el vaso de Dios es una casa y no piedras individuales esparcidas, aprenderemos a someternos unos a otros, a rechazar cualquier actividad individual y a seguir el mismo camino que todos los hijos de Dios.

La casa de Dios no es solamente un principio, sino también una vida. El problema es que muchos cristianos consideran el Cuerpo de Cristo como un simple principio teórico y no han percibido la vida del mismo. ¿De qué nos sirve tratar de obrar según un principio si no tenemos la vida que nos capacita para hacerlo? Pensamos que debemos cooperar unos con otros en todo, y con frecuencia acordamos cooperar de mala gana, pero nuestro corazón no lo desea. ¿De qué sirve hacer esto? Debemos recordar que el Cuerpo es una vida y no un simple principio. Si no sabemos que el Cuerpo es una vida, y si sólo actuamos en conformidad con un principio, estamos imitando un método. Muchos cristianos nunca han sido tocados por el Señor. Han oído que no deben actuar independientemente y que deben cooperar con los demás, y tratan de ponerlo en práctica. Pero no se dan cuenta de que esto no es algo que se pueda aprender intelectualmente. Así como nuestra relación con Cristo no la adquirimos por aprendizaje, del mismo modo, nuestra relación con el Cuerpo de Cristo tampoco es algo que se nos pueda enseñar.

¿Cómo podemos conocer la vida del Cuerpo? La condición básica para conocer la vida del Cuerpo es que nuestra tienda sea plantada en medio de Bet-el y Hai; al occidente debemos tener a Bet-el, y al oriente debe estar Hai, pues es equidistante de Bet-el y de Hai. En el idioma original, *Hai* significa "un montón". Bet-el es la casa de Dios, mientras que Hai es un montón desolado. El montón desolado representa y simboliza la vieja creación. Si hemos de volver nuestro rostro hacia la casa de Dios, tenemos que darle la espalda al montón desolado. Es decir, a menos que un cristiano sea quebrantado en su vida carnal, no tiene posibilidad de conocer el Cuerpo de Cristo. Solamente cuando tenemos Hai al oriente podemos tener Bet-el al occidente. Si no tenemos Hai al oriente, no tendremos Bet-el a nuestro lado occidental. Una persona experimenta el Cuerpo de Cristo por primera vez y disfruta y vive la vida del Cuerpo cuando su vida carnal es quebrantada. Si queremos descubrir lo que es la casa de Dios, tenemos que rechazar el montón desolado. Solamente cuando Dios haya quebrantado nuestra vida natural y cuando hayamos sido subyugados hasta comprender que la vida natural debe ser juzgada y no alabada, estaremos unidos espontáneamente a los demás hermanos y hermanas. Sólo entonces podremos expresar la vida del Cuerpo de Cristo en nuestra vida. Lo único que nos impide unirnos a los demás hermanos y hermanas es la vida de la vieja creación, la cual tiene mucha fuerza en nosotros. Una vez que se le ponga fin a la vieja creación en nuestro interior, espontáneamente expresaremos la vida del Cuerpo de Cristo en nuestra vida y veremos que somos parte del Cuerpo de Cristo. Por consiguiente, la vida de la vieja creación tiene que ser quebrantada y rechazada por completo. No importa lo que haya en el montón, de todos modos es un montón desolado y no la casa de Dios.

Para los cristianos que no han pasado por el juicio de la vieja creación, ésta les produce jactancia. Todavía piensan que lo que poseen en ellos mismos es bueno. Aunque admiten con su boca que son débiles y corruptos, en realidad no han sido juzgados. No se dan cuenta de lo que es la corrupción, pues la consideran agradable. Tienen por noble aquello que en su interior no se lleva bien con otros. Cuando nos encontramos en esta condición, es cuando más necesitamos la misericordia de Dios.

Una día Dios nos llevará al punto donde nos demos cuenta cuán inútiles somos. Perderemos la confianza en nosotros mismos. Sólo entonces seremos introducidos en la casa de Dios espontáneamente. Es imposible experimentar la vida del Cuerpo si nuestra carne no ha sido quebrantada. Necesitamos pedirle al Señor que nos muestre que el Cuerpo de Cristo no es simplemente un principio, sino una vida.

Hebrón (comunión): el principio de la comunión

"Abram, pues, removiendo su tienda, vino y moró en el encinar de Mamre, que está en Hebrón, y edificó allí altar a Jehová" (Gn. 13:18).

En el idioma original, el nombre *Hebrón* significa "comunión". La casa de Dios se relaciona con la vida, mientras que la comunión se relaciona con la manera de vivir. Es imposible que uno viva en Hebrón sin pasar primero por Bet-el. Recordemos que Hebrón viene después de Bet-el. Donde está la casa de Dios, ahí está la comunión. La comunión no tiene que ver con una comunidad organizada por un grupo de personas, pues sólo se halla en la casa de Dios. Es imposible tener comunión aparte de la casa de Dios. Si nuestra vida natural no es quebrantada, no podemos tener comunión. Vivimos en el Cuerpo y tenemos comunión solamente cuando la vida natural es quebrantada.

Da la impresión de que Bet-el es el centro de Canaán. Dios trajo a Abraham a Bet-el para que morara allí. Tan pronto como Abraham se fue de Bet-el, tuvo un fracaso. Cuando regresó de Egipto, Dios lo trajo de regreso a Bet-el, el lugar en donde había edificado el altar. Sólo después de establecerse en Bet-el, Dios lo llevó gradualmente a Hebrón. Esto es muy importante. Quiere decir que uno es guiado a la comunión sólo cuando ve la casa de Dios, la cual es la vida del Cuerpo de Cristo.

El Cuerpo es un hecho verdadero y concreto. En este Cuerpo espontáneamente nos comunicamos y tenemos comunión con los hijos del Señor. Una vez que le damos la espalda a Hai y juzgamos la vida natural, entramos en la vida del Cuerpo de Cristo y somos introducidos espontáneamente en la comunión. Los que llegan a conocer el Cuerpo de Cristo quedan libres automáticamente del individualismo. Ellos no confían en sí mismos y se dan cuenta de que son débiles; por esta razón, tienen comunión con todos los hijos de Dios. Dios tiene que llevarnos al punto donde no podamos avanzar a menos que tengamos comunión. Dios nos mostrará que lo que es imposible para los individuos se puede realizar cuando se hace en comunión con otros. Este es el significado de Hebrón.

En Siquem había una encina llamada la encina de More. Allí también había un encinar llamado el encinar de Mamre (Gn. 13:18). En el idioma original *Mamre* significa "grosura" o "fortaleza". El resultado de la comunión es la grosura y la fortaleza. La grosura, las riquezas y la fortaleza se originan en la comunión.

En síntesis, Siquem, Bet-el y Hebrón representan las características de Canaán. Aunque nadie en toda la tierra conoce a Dios, Su pueblo, que está en Canaán, conoce Su poder, Su Cuerpo y la comunión. Al ver esto el pueblo de Dios, llega a ser el testimonio de Dios. Su pueblo debe permanecer en esta condición para poder llevar el testimonio de Dios. Sólo cuando tiene estas tres características puede ofrecer holocaustos, y sólo entonces acepta Dios el sacrificio. Un sacrificio no sólo es una ofrenda, sino que también implica la aceptación de Dios. Es posible que deseemos ofrecer muchas cosas a Dios que El no desea en lo más mínimo. Los tres lugares tenían altares, lo cual significa que éstos son los lugares que Dios desea y aprueba.

Si un cristiano quiere mantener el testimonio de Dios en la tierra, su conocimiento espiritual tiene que venir del poder. De no ser así, de nada le servirá. El único conocimiento que tiene valor espiritual es el que viene de Cristo como nuestro poder. Es fácil tomar el conocimiento que hemos oído de otros como si fuera nuestro y trasmitirlo a los demás, pero esto no tiene ningún valor espiritual. Que el Señor tenga misericordia de nosotros. Sin embargo, cuando descubrimos delante del Señor lo que es el poder y adquirimos algunas experiencias espirituales, nos es fácil desobedecer. Es fácil creer que sabemos lo que otros no saben, y que somos capaces de hacer muchas cosas. Esto deja desnudo nuestro yo. En este momento, Dios dirige nuestra atención a Su casa. La casa de Dios requiere nuestra obediencia. Si actuamos según nuestra propia voluntad, no podemos vivir en la casa de Dios. Cuando vemos la vida del Cuerpo, hallamos nuestro lugar en él, y no vamos más allá. Una persona a la que Dios ha revelado el Cuerpo de Cristo no actuará independientemente. Si verdaderamente vemos la vida del Cuerpo, veremos que hay cierta restricción en la casa de Dios, y no nos moveremos tan libremente. Del mismo modo, si tenemos la vida del Cuerpo, espontáneamente tendremos comunión con los demás hijos de Dios y valoraremos esta comunión y no sentiremos que sea una carga. Si los hijos de Dios no saben lo que significa la casa de Dios, no podrán tener comunión con los demás hijos de Dios. Una persona que no pueda honrar y respetar a los hermanos, ni reconocer la posición de ellos, no ha comprendido lo que es la casa de Dios. Si nuestra vida natural ha sido quebrantada y si sabemos lo que significa la vida del Cuerpo, aprenderemos a estimar a los demás hermanos, a percibir la vida y a recibir ayuda en las reuniones. En muchas ocasiones recibimos ayuda y tocamos la vida en las reuniones. Sin embargo, cuando salimos de la reunión, es posible que otro hermano se acerque y nos diga que la reunión estuvo terrible. En realidad, lo terrible no fue la reunión sino el hermano; no asumió su posición en la casa de Dios y, como resultado, no pudo tener comunión con los demás ni pudo recibir el suministro de vida de parte de ellos. Si su carne es quebrantada, verá el Cuerpo de Cristo y espontáneamente tendrá comunión con los demás. Descubrirá que aun el hermano o la hermana más débil puede proporcionarle ayuda.

Estas son las características de Canaán. De todas las experiencias de Abraham, Dios le asignó sólo estos tres lugares para que edificara allí altares. Esto significa que la aceptación, la aprobación, la esperanza y el rostro de Dios están sobre estos tres lugares.

ABRAHAM ES PROBADO

Después de la llegada de Abraham a Canaán, la Biblia nos dice que él fue probado tres veces con respecto a la tierra de Canaán. Examinemos estas tres pruebas una por una.

La primera prueba: el hambre

Poco después que Abraham llegó a Bet-el, tuvo su primer fracaso. Esto era obra de Dios, y por medio de ella le mostraba que su llamado procedía de la misericordia de Dios y no de su propia bondad. Abraham no era bueno de nacimiento; fracasó igual que todos los demás. Génesis 12:9 dice: "Y Abram partió de allí, caminando y yendo hacia el Neguev [el sur]". Este fue su fracaso: había sido traído a la casa de Dios, pero no permaneció ahí por mucho tiempo, pues se fue alejando gradualmente hacia el sur. Aunque no se mudó de inmediato a Egipto, viajó al oriente, a la frontera con Egipto.

Cuando se mudó al sur, fue asediado por el hambre. El versículo 10 dice: "Hubo entonces hambre en la tierra, y descendió Abram a Egipto para morar allá; porque era grande el hambre en la tierra". Abraham había llegado hasta la frontera con Egipto, de donde le sería muy fácil descender a Egipto. Después de llegar a Egipto, comenzó a mentir y fue reprendido por Faraón. Ahí fue avergonzado en extremo (vs. 11-20), y de ahí volvió a Canaán. Esta fue su primera prueba.

¿Cómo comenzó esta prueba? Dios apareció a Abraham en Siquem y le dijo: "A tu descendencia daré esta tierra". Dios tenía la intención de darle la tierra de Canaán. ¿La quería Abraham? El no era un hombre fuerte. Aunque Dios le prometió darle esta tierra, Abraham no se mantuvo firme en su posición. ¿Qué hizo? Siguió su camino hacia el sur, hasta que llegó a Egipto. Esta fue la causa de la primera prueba. Esta puso a prueba a Abraham para ver si en verdad quería tomar posesión de esta tierra. Abraham no vio lo preciosa que era la tierra. A fin de establecer a Abraham en la tierra, Dios tuvo que probarlo.

Después de fracasar en Egipto, Abraham aprendió una lección: se dio cuenta de la importancia de Canaán y supo que había cometido un error al mentir y engañar. Fue una vergüenza para el pueblo de Dios ser reprendido por los egipcios. ¿Qué hizo entonces? Génesis 13:1-3 dice: "Subió, pues, Abram de Egipto hacia el Neguev, él y su mujer, con todo lo que tenía, y con él Lot. Y Abram era riquísimo en ganado, en plata y en oro. Y volvió por sus jornadas desde el Neguev hacia Bet-el, hasta el lugar donde había estado antes su tienda entre Bet-el y Hai". El volvió a su antigua posición. Ahora Abraham valoraba la tierra, ya que en ella no tenía necesidad de mentir, ni tenía que sufrir el oprobio de los egipcios. En esta tierra él podía glorificar a Dios.

La segunda prueba: Lot escoge su tierra

Después de regresar a Canaán, Abraham se enfrentó a la segunda prueba. La primera prueba tenía como fin poner en evidencia cuánto apreciaba Abraham la tierra. Después de aprender su lección con la derrota que sufrió en Egipto, comprendió que Canaán era el único lugar de valor, y regresó. Después de regresar, le sería fácil usar sus manos carnales para asirse a Canaán. Por eso, fue necesaria una segunda prueba. Génesis 13:5-7 dice: "También Lot, que andaba con Abram, tenía ovejas, vacas y tiendas. Y la tierra no era suficiente para que habitasen juntos, pues sus posesiones eran muchas, y no podían morar en un mismo lugar. Y hubo contienda entre los pastores del ganado de Abram y los pastores del ganado de Lot; y el cananeo y el ferezeo habitaban entonces en la tierra". Dios le mostró a Abraham que aunque había obedecido parte del mandato que Dios le había dado en cuanto a salir de su tierra, de su parentela y de la casa de su padre, todavía no había obedecido la parte restante: no se había separado de Lot. Por tanto, Dios necesitaba disciplinarlo por medio de éste.

Leemos en los versículos 8 y 9: "Entonces Abram dijo a Lot: No haya ahora altercado entre nosotros dos, entre mis pastores y los tuyos, porque somos hermanos. ¿No está toda la tierra delante de mí. Yo te ruego que te apartes de mí. Si fueres a la mano izquierda, yo iré a la derecha; y si tú a la derecha, yo iré a la izquierda". Abraham se dio cuenta finalmente de que el llamamiento de Dios era sólo para él y no para Lot. Hermanos, debemos comprender que los que han sido llamados a ser ministros no pueden llevar consigo a los que Dios no ha llamado. Abraham vio que Dios lo había llamado para ser ministro, y le dijo a Lot, "Yo te ruego que te apartes de mí. Si fueres a la mano izquierda, yo iré a la derecha; y si tú a la derecha, yo iré a la izquierda". Abraham no se aferró a la tierra con sus manos carnales; estuvo dispuesto a dejar que Lot escogiera.

Por una parte, Abraham tenía que cumplir el llamamiento de Dios; por otra, Dios tenía que enseñarle la lección de que no había necesidad de usar métodos carnales para asirse a la tierra prometida de Canaán. Debemos aprender bien esta lección. Dios le dio la tierra a Abraham, pero esto no significaba que debía aferrarse a ella de manera carnal. Necesitamos aprender la lección de confiar en que Dios preservará aquello que nos ha prometido. No hay necesidad de procurar preservarlo usando medios carnales o nuestras propias energías.

Esta fue la segunda prueba de Abraham. Al final, él venció y pudo decirle a Lot: "Si fueres a la mano izquierda, yo iré a la derecha; y si tú a la derecha, yo iré a la izquierda". Abraham no intentó conservar nada por su propio esfuerzo.

Génesis 13:10-13 dice: "Y alzo Lot sus ojos, y vio toda la llanura del Jordán, que toda ella era de riego ... Entonces Lot escogió para sí toda la llanura del Jordán; y se fue Lot hacia el oriente, y se apartaron el uno del otro. Abram acampó en la tierra de Canaán..." Lot escogió los mejores terrenos, y Abraham permaneció en Canaán. Los que conocen a Dios no defienden sus intereses. Si verdaderamente conocemos a Dios, no necesitamos velar por nosotros mismos. Si Dios nos ha dado a Canaán, no es necesario aferrarnos a ella con nuestras manos carnales. Debemos aprender a creer en Dios, confiar en El y llevar la cruz. A pesar de que al poner la fe en Dios Abraham terminó en un terreno irregular y montañoso; no obstante, permaneció en la tierra de Canaán. Lot escogió la llanura, pero terminó en Sodoma.

Aquí vemos que Abraham había avanzado. Desde entonces, comenzó a brillar. Leemos en los versículos del 14 al 17: "Y Jehová dijo a Abram, después que Lot se aparto de él: Alza ahora tus ojos, y mira desde el lugar donde estás hacia el norte y el sur, y al oriente y al occidente. Porque toda la tierra que ves, la daré a ti y a tu descendencia para siempre. Y haré tu descendencia como el polvo de la tierra; que si alguno puede contar el polvo de la tierra, también tu descendencia será contada. Levántate, vé por la tierra a lo largo de ella y a su ancho; porque a ti la daré". Una vez más Dios establece a Abraham en la tierra. Desde el punto de vista humano, da la impresión de que Lot había tomado posesión de una porción de la tierra. Pero Dios vino a Abraham y le habló. No era necesario que Abraham estirara sus manos tratando de hacer algo. El Señor le había dado la tierra de Canaán, y por ende, no tenía que tratar de preservarla usando métodos carnales. Nuestra reivindicación viene de poner nuestra confianza en Dios, y no de aferrarnos a algo valiéndonos de medios carnales. Que el Señor tenga misericordia de nosotros y nos libre de nuestras propias manos y de nuestros métodos.

El versículo 18 dice: "Abram, pues, removiendo su tienda, vino y moró en el encinar de Mamre, que está en Hebrón, y edificó allí altar a Jehová". Al pasar la segunda prueba, Abraham progresó en su experiencia. Luego se movió a Hebrón. Debemos comprender que Dios desea que obtengamos una victoria completa. Es posible que mientras Lot escogía la llanura del Jordán, Abraham vencía exteriormente, pero no interiormente. Quizás por fuera Abraham haya dicho: "Si fueres a la mano izquierda, yo iré a la derecha; y si tú a la derecha, yo iré a la izquierda". Pero interiormente puede ser que esperara que Lot obrara según su conciencia y no fuera tan sagaz como para tomar la mejor porción. Sin embargo, Dios lo ayudó a vencer; no sólo exteriormente sino también en su interior. Abraham removió su tienda y moró en Hebrón, por lo cual vemos que verdaderamente había vencido.

La tercera prueba: rescata a Lot y rechaza las riquezas de Sodoma

La segunda prueba había pasado, y vino la tercera. Génesis 14:11-12 dice: "Y tomaron toda la riqueza de Sodoma y de Gomorra, y todas sus provisiones, y se fueron. Tomaron también a Lot, hijo del hermano de Abram, que moraba en

Sodoma, y sus bienes, y se fueron". Esta es la tercera prueba que Abraham experimentó por causa de la tierra.

Cuando Abraham se enteró de que su sobrino había sido tomado cautivo, no dijo: "Yo sabía que él no debía ir a ese lugar. Seguramente Dios lo castigó". ¿Qué hizo Abraham? El versículo 14, dice: "Oyó Abram que su pariente estaba prisionero, y armó a sus criados, los nacidos en su casa, trescientos dieciocho, y los siguió hasta Dan". Esto muestra que Abraham era veraz. El venció su yo y fue llevado al punto donde ya no tenía ningún resentimiento personal. No le importaba la conducta de Lot para con él; lo seguía reconociendo como su hermano. Aunque Lot nunca había vencido, seguía siendo sobrino de Abraham. Lot era un hombre común cuando estaba en Mesopotamia, era el mismo cuando habitó en Harán, y seguía siendo un hombre común después de llegar a Canaán. Inclusive escogió la buena tierra para sí y se estableció en Sodoma. Lot no tenía ninguna virtud excepto su lamentación por la conducta licenciosa de los inicuos (2 P. 2:7-8); ése era su único testimonio. No obstante, Abraham seguía reconociéndolo como su sobrino. Sólo aquellos que permanecen en Hebrón, o sea, en la comunión, pueden participar en la guerra espiritual. A fin de tener la fuerza necesaria para la guerra espiritual, no debemos resguardar ninguna queja dentro de nosotros. Aun si nuestro hermano nos ha agraviado, debemos seguir considerándolo como hermano, orar por él y ayudarle sin reserva. Solamente esta clase de persona es apta para pelear la batalla espiritual. Abraham peleó al permanecer firme en esta base. Por lo tanto, pudo vencer al enemigo.

Cuando Abraham derrotó a los enemigos y rescató a Lot de la mano de ellos, le habría sido fácil enorgullecerse y decirle a Lot: "¡Te lo dije, pero no quisiste hacer caso!" Pudo tener una expresión de menosprecio en su rostro, como si Lot le debiera algo por rescatarlo. Pero Abraham no hizo nada de eso.

Después de que Abraham recobró todos los bienes, a Lot y sus posesiones, a las mujeres y demás gente, el rey de Sodoma salió a recibirlo al valle de Save. Melquisedec, rey de Salem, también salió a recibirlo y trajo consigo pan y vino.

"Entonces el rey de Sodoma dijo a Abram: Dame las personas, y toma para ti los bienes" (Gn. 14:21). Abraham había aprendido la lección. El no consideró los bienes como recompensa por su ardua batalla, ni pensó que los merecía, sino que "respondió Abram al rey de Sodoma: He alzado mi mano a Jehová Dios Altísimo, creador [o dueño] de los cielos y de la tierra, que desde un hilo hasta una correa de calzado, nada tomaré de todo lo que es tuyo, para que no digas: Yo enriquecí a Abram" (vs. 22-23). Abraham adoptó cierta posición y demostró a los demás que, aparte de Jehová, nadie podía darle nada.

Abraham se refirió a Dios como "el dueño del cielo y de la tierra". No debemos considerar este título como algo insignificante. Esto indica que debido a que Abraham se puso del lado del Señor, el cielo llegó a ser del Señor, y la tierra también. Dios ya no era el Señor del cielo solamente, sino el dueño del cielo y de la tierra. Abraham no inventó el título "dueño del cielo y de la tierra"; lo aprendió de Melquisedec. Después de matar a Quedorlaomer y a los otros reyes, Abraham encontró a Melquisedec en el valle de Save, el cual es el valle del rey. Después de ganar la victoria, Abraham no se encontró con nadie frente al muro de la ciudad, un lugar prestigioso, sino en un modesto valle. Melquisedec vino a él con pan y vino para bendecirlo, diciendo: "Bendito sea Abram del Dios Altísimo, creador [o dueño] del cielo y de la tierra; y bendito sea el Dios Altísimo, que entregó tus enemigos en tu mano" (vs. 19-20). Debido a que un hombre en la tierra se puso del lado de Dios, Melquisedec pudo proclamar que Dios era el dueño del cielo y de la tierra. Esta es la primera vez en la Biblia que a Dios se le llama el dueño del cielo y de la tierra, y ocurrió después de que Abraham obtuvo la victoria.

Abraham había pasado todas las pruebas. ¡Al final, había vencido! Esta fue la obra que Dios hizo en Abraham. ¡Bendito sea el Dios Altísimo, dueño del cielo y de la tierra!

Capitulo cuatro

ABRAHAM Y SU HIJO

(1)

Lectura bíblica: Ro. 4:3, 17-22; Gá. 4:23-26, 28; Gn. 15:1—16:4a, 15-16

LA PROMESA DE DIOS Y LA FE DE ABRAHAM

El asunto de Canaán estaba resuelto para Abraham, pero a partir de Génesis 15 vemos el tema de su hijo. Esto no quiere decir que desde allí Canaán no tenga importancia; simplemente significa que el centro ya no es Canaán, sino la simiente.

La promesa de Dios

Génesis 15:1 dice: "Después de estas cosas vino la palabra de Jehová a Abram en visión, diciendo: No temas, Abram; yo soy tu escudo, y tu galardón será sobremanera grande".

Fue muy significativo que Dios reafirmara a Abraham con estas palabras aun cuando él acababa de obtener una victoria. Tengamos en cuenta que Abraham era un simple hombre, y que su victoria fue la de un hombre; no la de un ser sobrehumano. Aunque Dios le concedió una victoria, esto no lo convirtió en un ser sobrehumano. Abraham no tuvo dificultad en rechazar las riquezas de Sodoma mientras tenía el deleite del pan y el vino que Melquisedec le trajo; en aquel momento le fue fácil rechazar cualquier otra cosa. Pero después de la victoria, cuando la emoción y el alboroto hubieron pasado, y cuando comenzó a reflexionar estando ya en su tienda, seguramente se sentía intranquilo por la ofensa causada a los cuatro reyes al haber rescatado a Lot, y al rey de Sodoma al haber rechazado sus bienes. No podía evitar sentir temor. Podemos detectar esto por lo que Dios le dijo. Dios siempre tiene un motivo para hablar. Si Dios dijo: "No temas", es porque Abraham tenía temor. Dios le dio dos razones por las que no debía temer: (1) "Yo soy tu escudo", o sea que nadie podía hacerle daño. (2) "Yo soy tu galardón sobremanera grande". En consecuencia, todo lo que Abraham había perdido lo podía encontrar en Dios. Así alentaba a Abraham.

El versículo 2 dice: "Y respondió Abram: Señor Jehová, ¿qué me darás, siendo así que ando sin hijo, y el mayordomo de mi casa es ese damasceno Eliezer?" Abraham le dijo al Señor que su problema no era tan sencillo. Da la impresión de que Abraham devolvió la pregunta al Señor: "Señor, ¿acaso no sabes?" Al Señor le agrada oírnos. Por una parte, el Señor desea que le temamos; por la otra, se complace en oírnos hablar. Cuando Dios habla, nosotros escuchamos, y cuando nosotros hablamos, Dios escucha. Abraham le dijo a Dios que su problema no eran bienes materiales, sino la falta de prole. La cuestión de Canaán había sido resuelta. Ahora el problema era tener un hijo. Abraham le dijo: "¿Qué me darás, siendo así que ando sin hijo, y el mayordomo de mi casa es ese damasceno Eliezer?" Este damasceno no era hijo de Abraham. Aunque éste había oído decir a Dios: "Haré de ti una nación grande" y "Haré tu descendencia como el polvo de la tierra", y aunque el asunto de Canaán estaba resuelto, todavía no tenía hijos.

Dios quiere enseñarnos con esto una lección. ¿Acaso no lo sabe todo El? ¿Acaso no sabía que Abraham necesitaba un hijo? Por supuesto que sí, pero a El le agrada ver que nos conduzcamos como amigos Suyos. El quiere que toquemos su corazón y Su mente, y que le hablemos de esta manera. Fue así como Abraham tocó la mente de Dios. Dios le había prometido un hijo, pero quería que Abraham mismo se lo pidiera. Lo que Abraham estaba diciendo era que si Dios quería tener una nación, necesitaba darle a él un hijo, el cual tenía que nacer en su propia familia, y no de algún otro lado. La nación tenía que ser producida por medio de uno que fuera engendrado de él, no por medio de una persona comprada. La nación debía pertenecer a sus hijos, no a sus siervos.

Abraham se dio cuenta de que ninguno de sus trescientos dieciocho siervos ni Eliezer el damasceno podía resolver este problema. Necesitaba a alguien que fuera engendrado por él. Solamente uno que fuera engendrado por él podía resolver este problema. A esto se refería cuando habló con Dios. Indudablemente, Abraham era amigo de Dios. ¡Había logrado entrar en el corazón de Dios! Sin tener un hijo, la tierra no habría tenido utilidad alguna, y la promesa habría sido inútil para Abraham. Sin tener un hijo nunca habría podido recibir las bendiciones. Abraham comprendió esto como resultado de la obra de Dios en él.

Dios no respondió inmediatamente después de que Abraham habló; lo dejó hablar por largo rato. Dios es muy bueno para escuchar. El versículo 3 dice: "Dijo también Abram: Mira que no me has dado prole, y he aquí que será mi heredero un esclavo nacido en mi casa".

Abraham es justificado por la fe

Leemos en los versículos del 4 al 6: "Luego vino a él palabra de Jehová, diciendo: No te heredará éste, sino un hijo tuyo será el que te heredará. Y lo llevó fuera, y le dijo: Mira ahora los cielos, y cuenta las estrellas, si las puedes contar. Y le dijo: Así será tu descendencia. Y creyó a Jehová, y le fue contado por justicia". Esta es la primera vez que la Biblia habla de la fe. Abraham es el padre de la fe, pues creyó firmemente a la palabra de Dios, y Dios se lo contó por justicia.

Dios le dijo a Abraham: "Un hijo tuyo será el que te heredará". Esto nos muestra que la meta de Dios no se cumple por medio de las muchas personas que El ha reunido, sino por medio de los que El ha engendrado. Los que no han sido engendrados por Dios no cuentan, ya que no pueden cumplir el propósito de Dios. El propósito eterno de Dios se cumple por medio de los que El engendra.

Dios le preguntó a Abraham si podía contar las estrellas del cielo y le dijo que sus descendientes serían tan numerosos como las estrellas. Abraham creyó a Dios, y Dios se lo contó por justicia. Como ya dijimos, Dios primero tuvo que hacer una obra y obtener algo en una persona antes de obtener algo por medio de muchos. Para tener muchos creyentes, Dios primero necesita obtener uno. Abraham creyó a Dios, y Dios se lo contó por justicia.

EL CAMINO DE LA CRUZ

Necesitamos prestar atención a las siguientes palabras: "Y le dijo: Yo soy Jehová, que te saqué de Ur de los caldeos, para darte a heredar esta tierra. Y él respondió: Señor Jehová, ¿en qué conoceré que la he de heredar?" (Gn. 15:7-8). En el principio Dios le dijo: "Yo soy tu escudo, y tu galardón será sobremanera grande". Pero Abraham le dijo al Señor: "Ando sin hijo". Entonces Dios le dijo que un hijo que saldría de sus propias entrañas sería su heredero, y que su simiente sería como las estrellas del cielo. Luego le pidió a Dios que le diera más pruebas. El quería saber cómo podía estar seguro de que la tierra sería su herencia. Abraham creyó en la promesa de Dios, y Dios le tomó en cuanta su fe. La pregunta de Abraham no indicaba que dudaba, sino que pedía una señal para su fe. Al contestar a esta pregunta, Dios les muestra a los creyentes la manera en que El logra su meta.

¿Cómo le contestó Dios? Leemos en los versículo 9 y 10: "Y le dijo: Tráeme una becerra de tres años, y una cabra de tres años, y un carnero de tres años, una tórtola también, y un palomino. Y tomo él todo esto, y los partió por la mitad, y puso cada mitad una enfrente de la otra; mas no partió las aves". El versículo 12 añade: "Mas a la caída del sol sobrecogió el sueño a Abram, y he aquí que el temor de una grande oscuridad cayó sobre él". Los versículos 17 y 18 dicen: "Y sucedió que puesto el sol, y ya oscurecido, se veía un horno humeando, y una antorcha de fuego que pasaba por entre los animales divididos. En aquel día hizo Jehová un pacto con Abram, diciendo: A tu descendencia daré esta tierra, desde el río de Egipto hasta el río grande, el río Eufrates". Esta fue la respuesta de Dios.

Abraham "los partió por la mitad, y puso cada mitad una enfrente de la otra ... se veía un horno humeando, y una antorcha de fuego que pasaba por entre los animales divididos". Esta es la prueba; un cuadro de lo que es el camino de la cruz. ¿Qué significa dividir "por la mitad"? Dividir por la mitad es morir; eso es la cruz. ¿Qué significa "pasar por entre los animales divididos"? Pasar por "entre los animales divididos" significa morir, lo cual también quiere decir pasar por la cruz. Dios le mostró a Abraham que el hecho de que él heredara la tierra se basaba en la obra de la cruz, y que su simiente permanecería firme en esta tierra por medio del poder exterminador de la cruz.

Comprendamos que la cruz es el fundamento de la vida espiritual. Si no experimentamos la cruz, no podremos vivir para Dios en la tierra. Aun si podemos dar un mensaje sobre la cruz, éste no producirá ningún efecto espiritual a menos que la cruz haya operado primero en nosotros. Sólo los que han pasado por la cruz verán el horno que humea y la antorcha de fuego. En otras palabras, sólo aquellos que han pasado por la experiencia de la muerte tendrán la luz auténtica que purifica y limpia.

El problema de muchos es que al descubrir que tienen un poco de poder o algún logro en la obra, creen que por eso son útiles para Dios. En realidad, ése no es el caso. Todo depende de la clase de material que uno traiga a la obra del Señor. Si uno introduce en la obra algo de uno mismo, ya ha fracasado. Este fracaso no se debe a que uno no pueda hablar, no tenga el suficiente poder o no conozca bien las Escrituras, sino a que uno no es la debida persona, ya que la cruz no ha operado en uno. Entendamos claramente que sólo los que han pasado por la cruz heredarán la tierra. Necesitamos la obra purificadora. ¡Cuán difícil es ser puros en la obra del Señor! ¿Qué significa ser puro? Ser puro significa no tener mezcla. En la obra que realizamos para el Señor, cuán fácil es decir una palabra en el espíritu y la siguiente en la carne; proferir una palabra por el Señor y otra por nosotros mismos. Esto es una mezcla y es algo impuro. Consecuentemente, necesitamos que el Señor traiga un horno humeante y lo haga pasar por las partes divididas a fin de hacer una obra de purificación en nosotros. La eficacia de la muerte de Cristo nos hará personas puras. El Señor no quiere que seamos personas mixtas. El quiere depurarnos para que seamos puros.

Lo que pasó por las partes divididas no fue sólo un horno humeando sino también una antorcha de fuego. Antes de que haya un horno humeando y una antorcha de fuego, primero debe estar presente la cruz. Por tanto, para poder tener la luz auténtica, uno primero tiene que experimentar la muerte. Es posible que una persona que no ha pasado por la experiencia de la cruz sea muy suspicaz; inclusive otros pueden pensar que sus palabras son muy sabias. Pero una persona así no posee una luz que penetre en otros. La antorcha de fuego, es decir, la luz auténtica, es el resultado de experimentar la cruz; del acto de pasar por los animales divididos, es decir, pasar por la muerte. Nadie puede cumplir el ministerio de la obra de Dios basándose en su propia sabiduría y conocimiento. A fin de cumplir tal ministerio, uno necesita experimentar la cruz delante del Señor. Es fácil predicar acerca de la cruz, pero estos versículos nos muestran que sólo aquellos que conocen la cruz por experiencia pueden representar a Dios.

Después de que Abraham partió los animales por la mitad y puso cada mitad una en frente de la otra, fue sobrecogido por el sueño. De repente una gran oscuridad cayó sobre él. Una persona que no conoce la cruz pensará que es muy apta para laborar por el Señor y que no tiene nada qué temer; pero aquel que la conoce, verá una gran oscuridad venir sobre él y comprenderá que no puede hacer nada y que es totalmente incapaz. Cuando una persona sea llevada por el Señor al punto de ver su debilidad, se da cuenta de que es inútil y de que es indigna de hacer alguna cosa, entonces podrá comenzar a obrar para el Señor. Cuando veamos verdaderamente que esta obra procede del Señor, que nosotros somos inútiles, y veamos verdaderamente la santidad del Señor y nuestra inmundicia, el Señor comenzará a usarnos.

¿Cómo heredó Abraham la tierra? Dios le mostró que debía experimentar la muerte, pasar por la cruz. Solamente si tomamos el camino de la cruz, heredaremos la tierra, y sólo entonces podremos vivir para Dios continuamente en la tierra.

"TU SIMIENTE"

Génesis 15:5 dice: "Y lo llevó fuera, y le dijo: Mira ahora los cielos, y cuenta las estrellas, si las puedes contar. Y le dijo: Así será tu descendencia". Nótese que descendencia está en singular. Esto es muy extraño ya que desde el punto de vista humano, si los descendientes de Abraham habrían de ser tan numerosos como las estrellas del cielo, la palabra descendencia o simiente debería estar en plural. Pero cuando Dios le hablaba a Abraham de la enorme cantidad de descendientes que tendría, usó la palabra descendencia o simiente, en el singular. ¿Por qué usa Dios la forma singular de esta palabra? ¿Quién es esa simiente? En Gálatas 3:16 Pablo dijo: "Ahora bien, a Abraham fueron hechas las promesas, y a su simiente. No dice: 'Y a las simientes', como si hablase de muchos, sino como de uno: 'Y a tu simiente', la cual es Cristo". Por lo tanto, la simiente o descendencia a la que Dios se refiere no eran muchas personas, sino una sola. Esta persona no era Isaac, sino Cristo.

Esto nos muestra que el que hereda la tierra es la simiente única. Por parte de Abraham, la simiente era Isaac, pero en un contexto más amplio, era Cristo. Isaac simplemente era una sombra; la realidad es Cristo. En otras palabras, Cristo heredará la tierra y bendecirá a la humanidad. Tanto el poder como la autoridad se encuentran en Cristo, y por eso Dios lleva a cabo Su obra de restauración por Cristo, no por Isaac.

El asunto de la filiación es muy importante. Si este asunto de la filiación y de la simiente no se resuelve, no se puede llevar a cabo la obra de restauración. Si Abraham no hubiese sido conducido a la perfección, no habría podido producir a Isaac. Abraham primero tenía que llegar a ser un vaso para producir a Isaac. Esto significa que el Cristo glorioso será producido solamente cuando un pueblo crea igual que creyó Abraham; sólo entonces será realizada la obra de Dios. Isaac era meramente una sombra; la realidad es Cristo. De la misma manera, Abraham era una sombra, y la realidad es la iglesia. Así como Abraham llegó a ser un vaso que produjo a Isaac, así la iglesia es un vaso que produce al Cristo glorioso.

Dios quería que Abraham llegara a ser un vaso que produjera a Isaac. Los descendientes de Abraham cumplirán el propósito de Dios, pues el mismo Abraham no lo cumplió. Por tanto, la iglesia no es nada en sí misma. Lo que importa es que la iglesia produce a Cristo y lo expresa en la tierra para que se lleve a cabo la obra de restauración en la tierra. Abraham fue el vaso que produjo a Isaac. Hoy la iglesia es el vaso que produce a Cristo.

LA PRIMERA PRUEBA: EL NACIMIENTO DE ISMAEL

No es nada sencillo producir a Isaac. Abraham tenía que ser probado. Para poder ser el vaso de Dios, producir a Cristo y expresar Su autoridad, es necesario pasar por muchas pruebas. Después de Génesis 15, la Biblia nos muestra que Abraham fue probado tres veces en cuanto a su hijo, igual que lo fue en cuanto a la tierra de Canaán. Dos de estas pruebas ocurrieron antes del nacimiento de su hijo, y una después. Las tres pruebas prepararon a Abraham para producir a Isaac. En otras palabras, la iglesia tiene que ser probada y preparada antes de volver a traer al Cristo glorioso a la tierra.

El capítulo quince nos dice que Abraham le dijo al Señor: "Jehová, ¿qué me darás, siendo así que ando sin hijo, y el mayordomo de mi casa es ese damasceno Eliezer?" Dios le dijo: "un hijo tuyo será el que te heredará". Abraham creyó a Dios, y Dios se lo contó por justicia. Tanto la promesa de engendrar un hijo como la fe estaban presentes. Sin embargo, pasaban los días, los meses y los años, y no venía el hijo. Esto nos muestra que la fe tiene que ser puesta a prueba. La fe de Abraham creció paso a paso.

Génesis 16:1 dice: "Sarai mujer de Abram no le daba hijos". Abraham ya tenía ochenta y cinco años de edad, y Sarai su mujer no podía tener hijos. ¿Qué debía hacer? A estas alturas, su mujer le dijo: "Ya ves que Jehová me ha hecho estéril; te ruego, pues, que te llegues a mi sierva; quizá tendré hijos de ella" (v. 2). ¿Qué hizo Abraham? "Atendió Abram al ruego de Sarai. Y Sarai mujer de Abram tomó a Agar su sierva egipcia ... y la dio por mujer a Abram su marido" (vs. 2-3). La Biblia específicamente dice: "Al cabo de diez años que había habitado Abram en la tierra de Canaán" (v. 3). Cuando Abraham llegó a Canaán la primera vez, Dios le prometió: "A tu descendencia daré esta tierra" (12:7). Justo antes de que acontecieran estas cosas Dios le volvió a prometer: "Un hijo tuyo será el que te heredará". Sin embargo, cuando llegó a la edad de ochenta y cinco, todavía no tenía hijo. Abraham se impacientó y, a fin de tener un hijo, se llegó a Agar como concubina. Esta concibió y dio a luz a Ismael. La Biblia específicamente dice: "Era Abram de edad de ochenta y seis años, cuando Agar dio a luz a Ismael" (16:16).

Este es un asunto muy importante. Dios dispuso que Abraham engendraría un hijo, pero debía hacerlo por medio de Sara, y esto sucedería cuando él tuviera cien años de edad. Sin embargo, Abraham acortó el tiempo catorce años al usar su propio esfuerzo. Además, el hijo fue engendrado por medio de Agar. Esta fue la primera prueba que Abraham confrontó en cuanto a su hijo.

Abraham creyó a la palabra de Dios; creyó que Dios le daría un hijo. Pero no comprendió que creer significaba que él debía cesar de sus propias actividades y esperar que Dios obrara. Tan pronto como creemos, debemos poner un alto a nuestra obra. Hebreos 4:10 dice: "Porque el que ha entrado en Su reposo, también ha reposado de sus obras, como Dios de las Suyas". Cuando creemos, no debemos apresurarnos. Una vez que creemos, debemos permanecer en reposo. Abraham creyó a Dios, pero no aprendió la lección. No vio que al haber creído, debió haber esperado y no hacer nada por su propia cuenta. Pensó que para creer, debía ayudar a Dios y hacer algo. Consecuentemente, aceptó la sugerencia de su mujer, tomó a Agar como concubina, y engendró a Ismael. ¡Abraham le ayudó a Dios! ¡Pensó que ya que Dios le había prometido un hijo, él cumpliría la voluntad de Dios al llevar a cabo dicha acción! Todo lo que hizo fue actuar por su propia cuenta para que se cumpliera lo que Dios le había prometido, pero ese acto fue un fracaso.

El principio de la promesa y el principio de Ismael

No había duda que Abraham debía tener un hijo; lo que estaba por decidirse era la persona por medio de la cual debía ser engendrado. Dios no estaría satisfecho con que Abraham tuviera un hijo, pues para estarlo ese hijo tenía que ser engendrado por medio de Sara. Este era el punto en que Dios y Abraham diferían.

Este también es un asunto que confunde a muchos cristianos hoy. Muchas personas preguntan: "¿Acaso está mal predicar la verdad?" La palabra de Dios dice que debemos testificar y predicar el evangelio. Esto es bueno. Pero lo que a Dios le interesa es la persona que hace la obra. ¿Quién es el que predica? Es correcto engendrar hijos, pero el asunto del caso es quién los engendra. Dios no hace hincapié en el mero hecho de que algo ocurra, sino en la fuente del hecho. A menudo nuestra atención se centra en lo correcto de los resultados y del procedimiento. Todo lo que pensamos que es correcto y apropiado lo aceptamos como tal. Pero ante Dios lo que cuenta es el origen de la acción y la persona que la realiza. No es suficiente decir que algo es la voluntad de Dios; debe determinarse quién es el que la cumple. Ciertamente la voluntad de Dios es que un hijo sea engendrado, pero ¿quién dará a luz a este hijo a fin de que se cumpla la voluntad de Dios? Si el acto lo realiza uno por su propio esfuerzo, el resultado será Ismael.

La intención de Dios era que Abraham fuera el padre. Por tanto, hizo una obra especial en él a fin de mostrarle lo que significa que Dios sea el Padre. Dios como Padre es el origen de todas las cosas. Si Abraham no entendía que todo sale de Dios y que, por tanto, es el Padre, no sería apto para ser el padre de muchas naciones. Con todo y eso, fue Abraham quien engendró a Ismael, no Dios.

La mayor prueba para los hijos de Dios radica en escoger la fuente de sus obras. Muchos hijos de Dios consideran ciertas cosas "buenas" o "correctas" o "incluidas en la voluntad de Dios", pero detrás de estas cosas está el yo haciendo toda la obra, y ellos no tienen conciencia de la obra de la cruz ni dan lugar a que Dios quebrante su vida carnal. Bajo estas condiciones, dichas personas hacen la voluntad de Dios, al llevar a cabo muchas cosas que ellas consideran buenas y correctas. El resultado de aquello no es Isaac, sino Ismael. Necesitamos pedirle a Dios que nos hable y nos muestre quién es, en realidad, el que hace estas cosas. Esto es crucial. Tal vez prediquemos en cierto lugar diligentemente salvando muchas almas, pero en todo caso, el número de almas que son salvas y el método no son lo que cuenta. Lo más importante es si lo hicimos por Dios o por nuestra propia cuenta. Es muy lamentable que podamos enseñar la Palabra de Dios, predicar la verdad y ejercer Sus dones valiéndonos de nuestros propios medios. Si hemos hecho esto, debemos inclinar nuestro rostro y confesar nuestros pecados. Comprendamos que las obras hechas "por amor a Dios", que no proceden de El y que son hechas sin reconocerlo como Padre, no tienen ningún valor espiritual. Dios debe conducirnos a ese punto. La pureza de la obra espiritual depende de cuánto procede de Dios y cuánto del yo.

Puesto que Abraham quería un hijo, debió comprender que Dios era el Padre y permitirle que fuera el Padre, haciéndose él a un lado. Abraham quería tener a Isaac, pero no debió tratar de engendrarlo por sus propios medios. En otras palabras, si queremos que Cristo herede la tierra y queremos representar a Dios, no debemos tratar de producirlo por nuestra propia cuenta. No debemos tomar la iniciativa; debemos hacernos a un lado. Esta prueba es la mayor y la más difícil, y en la que los siervos de Dios fracasan con más frecuencia. Necesitamos recordar que la obra de Dios no sólo debe estar libre de pecado, sino también de nuestros propios esfuerzos. Dios no sólo se interesa por saber si lo que se hace es bueno, sino por quién hizo la obra. Desafortunadamente, es fácil pedirle a una persona que deje el pecado, pero no es fácil pedirle que haga a un lado sus propios esfuerzos. Que Dios nos lleve al punto donde podamos decirle: "¡Quiero hacer Tu voluntad! ¡Tú estás en mí y debes capacitarme para hacer Tu voluntad! ¡No estoy aquí para hacer Tu voluntad yo solo! ¡Tú tienes que ser el que actúe, no yo!"

Debemos recordar que "mis pensamientos no son vuestros pensamientos, ni vuestros caminos mis caminos, dijo Jehová. Como son más altos los cielos que la tierra, así son mis caminos más altos que vuestros caminos, y mis pensamientos más que vuestros pensamientos" (Is. 55:8-9). Por tanto, cualquier cosa que hagamos por nuestro propio esfuerzo, por buena que nos parezca, no puede satisfacer el corazón de Dios; aun si hacemos Su voluntad por nuestra cuenta, El no se complacerá en ello. Lo único que satisface Su corazón es lo que El mismo hace. Aunque Dios se humilló a Sí mismo y está dispuesto a usarnos, debemos recordar que no somos más que siervos que El usa como vasos. No podemos remplazar a Dios en nada. Sólo podemos permitirle actuar por medio de nosotros; no debemos hacer nada por nuestra cuenta. Finalmente, Isaac nació de Abraham según la promesa de Dios. Fue Dios el que produjo el nacimiento de Isaac. Dios engendró este hijo por medio de Abraham. El principio de la promesa es totalmente diferente del principio que operó en el caso de Ismael. Que el Señor tenga misericordia de nosotros y nos libre del principio de Ismael.

La gracia y la ley

Abraham se unió a Agar y engendró a Ismael. Gálatas 4 dice que "el de la esclava nació según la carne ... del monte Sinaí, el cual da hijos para esclavitud; éste es Agar. Ahora bien, Agar es el monte Sinaí en Arabia..." (vs. 23-25). En otras palabras, Agar representa la ley. ¿Qué es la ley? La ley, los Diez Mandamientos, es lo que Dios le exige al hombre. ¿Qué significa guardar la ley? Guardar la ley significa darle algo a Dios y tratar de agradarle.

Pero Gálatas 3:10 dice: "Maldito todo aquel que no permanece en todas las cosas escritas en el libro de la ley, para hacerlas". En otras palabras, los que dicen: "Voy a agradar a Dios" son anatema. ¿Por qué están bajo maldición? Porque el hombre no puede agradar a Dios por su propio esfuerzo, ya que no es apto para agradar a Dios (Ro. 8:7-8). En la Biblia la ley y la carne se mencionan frecuentemente unidas. El capítulo siete de Romanos habla de la ley y de la carne de manera particular. ¿Qué es la carne? En términos sencillos, es el esfuerzo propio, el yo. Cada vez que tratamos de observar la ley, nos ponemos en la carne. Cada vez que el hombre intenta agradar a Dios por su propio esfuerzo, se presenta la ley. Una persona que trata de agradar a Dios con su fuerza carnal es una persona en la cual Dios no se complace. Esto es lo que representan Agar e Ismael. Agar representa la ley, mientras que Ismael representa la carne que resulta de este esfuerzo.

Abraham era un creyente. El intentó agradar a Dios y cumplir Su meta. Dios quería que él tuviera un hijo, y

Abraham intentó tenerlo por su propia cuenta. ¿Acaso no concordaba aquello con la voluntad de Dios? ¿No lo hizo acaso para agradar a Dios? ¿Podía esto estar mal? No obstante, Pablo dice: "El de la esclava nació según la carne". Es cierto que la voluntad de Dios debe hacerse, pero lo importante es quién debe hacerla. Si intentamos hacer la voluntad de Dios por nuestros propios medios, el resultado es Ismael. Abraham se equivocó, no en cuanto a su meta sino en cuanto a su origen. Su meta era ver que se cumpliera la promesa de Dios, pero se equivocó al cumplirla por su propio esfuerzo.

Ahora entendemos con claridad. Dios no sólo rechazará a los que hacen cosas que no le agradan, sino que también rechazará a los que hacen cosas que le agradan, pero que son hechas en conformidad consigo mismos. Si pecamos, no agradaremos a Dios, pero tampoco le agradaremos si procuramos hacer el bien con nuestra carne. Complacer a Dios depende de la obra que haya realizado la cruz de quebrantar la carne y la vida natural. ¿Le hemos dicho a Dios: "No puedo hacer nada y no soy apto para hacer cosa alguna; sólo puedo esperar en Ti"? Una persona que verdaderamente cree en Dios no actúa según su carne. Dios es el Señor de la obra. Lo que más le ofende es que usurpemos Su lugar en la obra. Es aquí donde yace frecuentemente nuestro error. No podemos creer ni confiar ni esperar. No nos atrevemos a encomendárselo todo a Dios. Aquí radican las ofensas que cometemos contra Dios.

Dios determinó que Abraham engendraría un hijo por medio de Sara. Gálatas 4:23 nos dice que "el de la libre, [nació] por medio de la promesa". Sara era la libre y representa la gracia, mientras que Agar representa la ley. ¿Cuál es la diferencia entre la ley y la gracia? La ley significa que hacemos las cosas por nuestros propios medios, mientras que la gracia significa que es Dios quien obra por nosotros, que lo hace todo por nosotros. Si nosotros hacemos algo, ya no es la gracia la que actúa. Sólo cuando Dios obra en nuestro lugar, podemos considerar aquello como gracia. La gracia, según la define la Biblia, no consiste en ser pacientes o tolerantes, ni tampoco es hacer algo por nosotros mismos. La gracia es algo específico que Dios hace en nosotros. La obra específica que Dios quería hacer en Abraham era engendrar a Isaac por medio de Sara. Isaac tenía que ser engendrado por Abraham, pero esto debía producirse por medio de la gracia y de la promesa de Dios.

Si no hay muerte, no puede haber vida

Génesis 16 dice que Abraham engendró a Ismael cuando tenía ochenta y seis años de edad. Para ese entonces todavía tenía su energía carnal y su fuerza natural. Es por esto que Gálatas 4 dice que Ismael nació de la carne. Génesis 21 nos dice que cuando Abraham engendró a Isaac, ya tenía cien años de edad (v. 5). Romanos 4 nos dice que siendo de casi cien años, Abraham consideró su propio cuerpo como ya muerto y vio lo muerta que estaba la matriz de Sara (v. 19). En otras palabras, su energía carnal y su fuerza natural habían llegado a su fin. Abraham ya no podía tener hijos, y Sara tampoco. Dios escogió este momento para que naciera Isaac. Esto significa que Dios quería que Abraham se considerara muerto, para que así confiara en el Dios que da vida a los muertos y llama las cosas que no son como si fuesen. La intención de Dios era que Abraham se diera cuenta de que él no era el Padre. Lo interesante era que Dios quería que Abraham fuera padre y que, al mismo tiempo viera que en realidad él no era el Padre. Dios esperó hasta que toda la energía natural de Abraham se hubo agotado antes de darle a Isaac.

Esta es la obra que Dios quiere hacer en nosotros. El siempre espera. Aunque sean necesarios catorce años, seguirá esperando. El espera el día cuando entendamos que somos incapaces en nosotros mismos y nos consideremos muertos. Entonces engendraremos a Isaac. El no puede usarnos hoy porque nuestro tiempo no ha llegado. Dios no sólo desea que se cumpla Su voluntad, sino también que dicho cumplimiento proceda de El. Si solamente tenemos doctrinas y conocimiento y no hemos sido conducidos al punto de decir: "Estoy acabado; estoy muerto. No puedo hacer nada por mi propia cuenta", entonces Dios no podrá usarnos ni cumplir Su meta.

El tiempo es un factor muy importante en el engendramiento de Isaac. De hecho, sólo cuando tengamos cien años

el Señor podrá usarnos, y nosotros podremos manifestar a Cristo y mantener el testimonio de Dios en la tierra. Ese es el momento cuando todo lo de nosotros llega a su fin. Antes de ese día, toda obra que hagamos por nuestra propia cuenta es Ismael.

El asunto ahora es si queremos un Ismael o un Isaac. Es fácil engendrar a Ismael. Si somos como Agar, podemos engendrar a Ismael en cualquier momento, pues es fácil hacer obras por medio de ella y no es necesario esperar; pero si queremos ser como Sara, tendremos que esperar. Para engendrar a Ismael, no es necesario esperar, pero el caso con Isaac no es el mismo ya que tenemos que esperar la promesa de Dios, Su tiempo designado y Su acción. Aquellos que no pueden esperar que Dios obre ni le permiten hacerlo, alargan sus propias manos para obtener a Ismael. Quienes desean tener a Isaac tienen que esperar en Dios. El día vendrá cuando no podremos hacer nada por nuestro propio esfuerzo y estaremos completamente acabados. Ese será el día cuando Cristo se manifestará plenamente en nosotros y cuando la meta de Dios se cumplirá. Entre tanto, nada de lo que hagamos nosotros tendrá valor espiritual; por el contrario, será perjudicial. En la obra espiritual lo que importa no es cuánto trabajemos, sino cuánto hayamos obtenido de la obra del Señor, pues la obra de Dios y la obra del hombre son dos cosas totalmente diferentes. Existe una enorme diferencia entre el valor de la obra de Dios y el valor de la obra del hombre. Sólo lo que procede de Dios tiene valor espiritual. Lo que no proviene de El no tiene valor espiritual.

¿Qué es Ismael entonces? Ismael es todo aquello que nace prematuramente. Es actuar por el esfuerzo propio. Podemos decir que Ismael se caracteriza por dos cosas: su origen es erróneo, y el momento de su nacimiento es prematuro. En la esfera espiritual nada nos pone en evidencia tanto como el asunto del tiempo. Con frecuencia no se necesita mucho para que nuestra carne quede expuesta. Todo lo que Dios necesita hacer es dejarnos a un lado por tres meses, y nuestra carne no podrá resistirlo. Pero Dios nunca se complace en ver un Ismael, algo nacido antes del tiempo establecido. Aun si podemos decir o hacer algo, aunque parezca ser de Dios, El no se agradará de ello. La meta de Dios tiene que realizarse en el momento que El lo dispuso y por Su poder. Este es el principio relacionado con Isaac: viene en el tiempo de Dios y por Su poder.

Abraham es justificado otra vez

Romanos 4:19-22 dice: "Y no se debilitó en su fe, aunque consideró su propio cuerpo, ya muerto, siendo de casi cien años, y lo muerta que estaba la matriz de Sara; tampoco dudó, por incredulidad, de la promesa de Dios, sino que se fortaleció en fe, dando gloria a Dios, plenamente convencido de que era también poderoso para hacer todo lo que había prometido; por lo cual también su fe le fue contada por justicia".

Debemos notar que la justificación de Abraham que se menciona en estos versículos no sucedió en la misma ocasión que la descrita en Romanos 4:3, donde leemos: "Creyó Abraham a Dios, y le fue contado por justicia". Esta es una cita que Pablo hace de Génesis 15:6. Se refiere al tiempo cuando Abraham todavía no tenía ochenta y cinco años de edad. En aquel entonces Dios le habló en visión y le dijo: "Un hijo tuyo será el que te heredará". Luego lo llevó afuera y le dijo que mirara los cielos y contara las estrellas; y le dijo: "Así será tu descendencia". Abraham creyó a Dios, y Dios se lo contó por justicia. Esta fue la primera justificación. Aunque Abraham creyó, su fe no era perfecta, ya que más tarde engendró a Ismael valiéndose de su propia carne. La expresión "le fue contado por justicia" que consta en Romanos 4:22 se refiere al incidente de Génesis 17. En aquel entonces Abraham tenía noventa y nueve años de edad. Aunque consideró su propio cuerpo como muerto y sabía cuán muerta estaba la matriz de Sara, no dudó. El creyó incondicionalmente que Dios cumpliría lo que había prometido. Esto le fue contado por justicia. Por tanto, ésta fue otra justificación por fe. Pese a que transcurrieron más de diez años, Dios seguía enseñándole a Abraham la misma lección: la lección de la fe. Al comienzo, su fe contenía algo de sí mismo. Después de los años, había perdido por completo la esperanza en sí mismo, pero todavía podía creer. Dios lo contó como justo basándose en la fe de él. Dios lo había llevado al punto donde creyó verdaderamente. Este fue el resultado de la obra que Dios hizo en él. Esto nos muestra que las cosas no dependen del que quiere ni del que corre, sino de Dios que tiene misericordia (Ro. 9:16). El es el que inicia la obra, y el que la lleva a cabo. Que el Señor tenga misericordia de nosotros y nos ayude a aprender la lección de la fe para que podamos esperar sólo en El.

Capitulo cinco

ABRAHAM Y SU HIJO

(2)

Lectura bíblica: Gn. 16:16—18; 20:1-2, 10-13, 17-18; 21:1-2, 10; Col. 2:11; Fil. 3:3

La circuncisión de Abraham

Dios le prometió un hijo a Abraham, pero éste no esperó a que Dios se lo diera, sino que se unió a una concubina y engendró un hijo: Ismael. Después de engendrar a Ismael, hubo un período de trece años durante el cual Dios no le habló (Gn. 16:16—17:1). Aunque engendró un hijo, perdió trece años. Esta es la experiencia de muchos cristianos. Cada vez que actuamos según la carne, Dios nos hace a un lado y deja que comamos del fruto de nuestra carne. Ante Dios, ese tiempo se ha desperdiciado por completo.

Después de que Abraham engendró a Ismael, no hubo paz en su familia durante trece largos años. Sin embargo, la Biblia no nos muestra que Abraham tuviera remordimiento. Al contrario, le tomó un gran cariño a Ismael. Podemos ver esto en lo que le dijo al Señor: "Ojalá Ismael viva delante de ti" (17:18). Aunque el capítulo quince nos dice que él creyó, no da la impresión de que estuviera buscando intensamente al Señor. Día tras día, seguía complaciéndose en Ismael. Según nuestro criterio, si alguien se conduce según la carne durante trece años sin sentirse culpable, ya no hay mucha esperanza para él. Pero debemos recordar que Dios había llamado a Abraham y tenía un propósito con él; así que no lo abandonaría. Aunque se descarrió y Dios no le habló por trece años, Dios estuvo activo en la vida de él todo ese tiempo. Dios no abandona a los que El escoge. Si El desea tomar para Sí a una persona, ésta no puede escaparse de Su mano. Aunque Abraham había errado, Dios lo buscó. Debemos comprender que ninguna búsqueda carnal, ningún esfuerzo, ninguna preocupación y ninguna inquietud nos harán avanzar. Debemos aprender a encomendarnos a la mano del Altísimo. El nos guiará de la mejor manera.

Dios hace un pacto con Abraham

Después de trece años, Abraham tenía noventa y nueve años de edad y había envejecido. El consideraba su propio cuerpo ya muerto. Aunque quisiera tener un hijo, ya no podía. Entonces Dios le apareció y le dijo: "Yo soy el Dios Todopoderoso" (17:1). Esta era la primera vez que Dios revelaba Su nombre como "el Dios Todopoderoso". Este nombre puede traducirse "el Dios que todo lo provee". Después de que Dios reveló este nombre a Abraham, le exigió algo. Le dijo: "Anda delante de mí y sé perfecto". Aunque Abraham creía que Dios era poderoso, tal vez no creía que era el Dios que todo lo provee. Por esta razón trató de hacer cosas por su propio esfuerzo. Dios le mostró a Abraham que si creía que El era el que todo lo proveía, debía andar delante de El como un hombre perfecto. Ser perfecto es ser puro. Dios requería que Abraham fuera puro y sin mezcla alguna.

Después de mostrarle esto a Abraham, Dios dijo: "Pondré mi pacto entre mí y ti, y te multiplicaré en gran manera ... He aquí mi pacto es contigo, y serás padre de muchedumbre de gentes. Y no se llamará más tu nombre Abram, sino que será tu nombre Abraham, porque te he puesto por padre de muchedumbre de gentes ... Y estableceré mi pacto ... por pacto perpetuo para ser tu Dios, y el de tu descendencia después de ti. Y te daré a ti, y a tu descendencia después de ti la tierra en que moras, toda la tierra de Canaán en heredad perpetua; y seré el Dios de ellos" (vs. 2-8). Dios deseaba obtener un pueblo por medio de Abraham y ser el Dios de ellos.

¿Qué clase de actitud debían tomar Abraham y sus descendientes para llegar a ser el pueblo de Dios? Dios dijo: "Este es mi pacto, que guardaréis entre mí y vosotros y tu descendencia después de ti: Será circuncidado todo varón de entre vosotros" (v. 10). En otras palabras, Dios quiere un pueblo; sin embargo, dicho pueblo no debe realizar ninguna actividad, no debe tener ningún poder ni fuerza carnal. ¿Quiénes son entonces el pueblo de Dios? Aquellos que han sido circuncidados. La circuncisión es la señal del pueblo de Dios. Todo varón de ocho días, nacido en casa o comprado por dinero a cualquier extranjero, tenía que ser circuncidado (v. 12). No era suficiente nacer en casa ni ser comprado; era necesaria la circuncisión. Todos nosotros nacimos de Dios y fuimos comprados por El. En cuanto a la redención, Dios nos compró; en cuanto a la vida, nacimos de El. Aun así, si no somos circuncidados, no tendremos parte en el testimonio del pueblo de Dios. Dios le dijo a Abraham: "El varón incircunciso, el que no hubiere circuncidado la carne de su prepucio, aquella persona será cortada de su pueblo" (v. 14). Los que no habían sido circuncidados eran cortados de entre el pueblo de Dios. Esto se relaciona con el testimonio de Dios, lo cual indica que los que no son circuncidados no pueden ser vasos para el testimonio de Dios. Es posible que una persona sea redimida y tenga la vida de Dios, pero si no es circuncidada y si no conoce la cruz que le pone fin a la carne, no puede ser parte del pueblo de Dios y, pese a todo, será cortada del pueblo.

El significado de la circuncisión

Colosenses 2:11 dice: "En El también fuisteis circuncidados con circuncisión no hecha a mano, al despojaros del cuerpo carnal, en la circuncisión de Cristo".

Filipenses 3:3 dice: "Porque nosotros somos la circuncisión, los que servimos por el Espíritu de Dios y nos gloriamos en Cristo Jesús, no teniendo confianza en la carne".

Estos dos versículos muestran lo que es la circuncisión. En términos sencillos, la circuncisión es el despojo de la carne. ¿Cuál debe ser la actitud de quienes han sido circuncidados? No deben tener confianza en la carne ni poner su esperanza en ella. ¿Quiénes son la circuncisión? Los que sirven por el Espíritu de Dios y no ponen su confianza en la carne. Por tanto, la circuncisión pone fin a la energía innata del hombre, su fuerza natural.

¡Cuán acertadas fueron las palabras que Dios habló a Abraham! Dios le mostró que Ismael constituía todo lo que había hecho y lo que había engendrado por su propio esfuerzo. Si uno no le pone fin a la carne, no tendrá parte en el pacto de Dios, ni será parte de Su pueblo, ni podrá mantener Su testimonio, ni ser partícipe en Su obra restauradora.

¡El mayor problema existente entre los hijos de Dios radica en que desconocen la carne! Muchos cristianos piensan que la carne está relacionada exclusivamente con el pecado. Aunque es cierto que la carne nos hace pecar, esto no es lo único que la carne hace. Romanos 8:8 dice que "los que están en la carne no pueden agradar a Dios". Esto significa que la carne procura agradar a Dios. En muchas ocasiones tal vez la carne no pretenda ofender a Dios; quizá su fin sea agradarle. Romanos 7 nos muestra que la carne hace un esfuerzo enorme por guardar la ley, hacer el bien, hacer la voluntad de Dios y agradarle, pero no puede lograrlo. Nuestra experiencia nos dice que es relativamente fácil gobernar la carne pecaminosa, pero es muy difícil dominar la carne que trata de agradar a Dios. Esta es la carne que intenta infiltrarse sutilmente en la obra, en el servicio de Dios y en todos los asuntos de Dios.

Hay personas que no se dan cuenta de que el hombre no puede agradar a Dios por su propio esfuerzo; aunque su meta ha cambiado por haber creído en el Señor, no pueden hacer el bien. Tales personas no han comprendido que Dios está interesado no sólo en cambiar sus objetivos, sino en poner fin a su carne. Si procuran agradar a Dios con su carne, El les dirá que la carne no puede agradarle. Necesitamos ver que la circuncisión es la eliminación de la carne, aquella que engendra a Ismael y que intenta agradar a Dios. La circuncisión pone fin a la carne que intenta hacer la voluntad de Dios y cumplir Su promesa. Esto era lo que Dios quería que Abraham entendiera.

El mayor problema que afrontan los hijos de Dios es que no aplican la cruz a su carne. Confían en la carne y ponen en ella su confianza. La señal más evidente del desenfreno de la carne es la confianza que tiene en sí misma. Filipenses

3:3 dice: "Nosotros somos la circuncisión ... no teniendo confianza en la carne". No tener confianza en la carne significa no poner ninguna esperanza en ella. Todos los que han sido heridos por la cruz han sido quebrantados. Aunque es posible que su persona todavía permanezca, ellos han aprendido a temer a Dios y a no poner su esperanza ni su confianza en sí mismos. Antes de ser disciplinada por el Señor, la persona es propensa a juzgar apresuradamente todo lo que se le atraviesa y con su boca juzga prematuramente. Pero una persona que ha sido disciplinada por el Señor, no juzga a la ligera, pues no se siente con la confianza para hacerlo. Una persona que hace propuestas sin detenerse a pensar y que cree en su propia fuerza no conoce la cruz. Tal persona nunca ha experimentado la obra de la cruz. Una vez que nuestra carne es circuncidada, nunca más creeremos en nosotros mismos. No tendremos tanta confianza ni expresaremos nuestras opiniones tan fácilmente. Delante del Señor, tenemos que ver que somos débiles, impotentes, desvalidos, y vacilantes.

Dios llevó a Abraham a un punto donde se dio cuenta de que su carne tenía que ser disciplinada, y que todo lo que había hecho en esos trece años era erróneo. No había lugar en la promesa de Dios para que lograra alguna cosa; lo único que debía hacer era creer. Al mismo tiempo, Dios le mostró que sus futuras generaciones debían ser circuncidadas. Este es el requisito básico para ser el pueblo de Dios. La condición para que en la práctica seamos tal pueblo es que llevemos la marca de la cruz en nuestra carne. La circuncisión es la marca del pueblo de Dios, la comprobación de que somos Su pueblo. ¿Qué es una marca? Es una característica. El pueblo de Dios tiene una característica, una marca: la negación de la carne, la desconfianza en la carne. El pueblo de Dios lo constituyen aquellos que perdieron su confianza en la carne.

Es una lástima que muchos cristianos tengan tanta confianza en sí mismos. Piensan que saben lo que es creer en el Señor Jesús, lo que es ser llenos del Espíritu Santo, lo que es ser vencedores, y lo que es experimentar la vida cristiana. Creen que lo saben todo. Se jactan de sus experiencias y las citan con fechas específicas. Parece que no les faltara nada. Hablan acerca de su comunión con Dios, de cómo hablan con El. Creen saber lo que Dios piensa en cuanto a ciertas cosas. Piensan que conocen la voluntad de Dios. Hablan de la manera en que Dios les dijo lo que debían hablar u orar en tal lugar y a tal hora. Piensan que conocer la voluntad de Dios es algo fácil. Sin embargo, no se ve en ellos la marca de no tener confianza en la carne. Tales cristianos verdaderamente necesitan la misericordia de Dios.

La circuncisión significa eliminar la confianza en la carne, quitar de en medio la fuerza natural, a fin de que la persona no hable ni se conduzca negligentemente, sino con temor y temblor.

Abraham es circuncidado

¿Qué clase de persona llegó a ser Abraham después de ser disciplinado por Dios por tantos años? El llegó a ser una persona que no confiaba en sí mismo. Entonces Dios le dijo: "A Sarai tu mujer no la llamarás Sarai, mas Sara será su nombre. Y la bendeciré, y también te daré de ella hijo" (Gn. 17:15-16). Dios le había prometido a Abraham anteriormente: "Un hijo tuyo será el que te heredará". En aquel entonces Abraham había creído. Después de más de diez años, Dios le dijo una vez más que tendría un hijo por medio de Sara su mujer. ¿Qué hizo Abraham? No fue tan osado como antes. No tuvo la misma fe que antes. Cuando oyó la promesa de Dios, "se postró sobre su rostro, y se rió, y dijo en su corazón: ¿A hombre de cien años ha de nacer hijo? ¿Y Sara, ya de noventa años, ha de concebir?" Y le dijo a Dios: "Ojalá Ismael viva delante de ti" (vs. 17-18). Esto quiere decir que Abraham había perdido por completo la fe en sí mismo. Consideraba su cuerpo como ya muerto y recordó lo muerta que estaba la matriz de Sara. Había olvidado que originalmente había creído. Puede ser que haya dicho: "Yo era joven y pude creer en aquel entonces. Pero ahora, ¿cómo puedo seguir creyendo?" A los ojos de los hombres, Abraham había vuelto atrás totalmente, a tal grado que su fe aparentemente se había esfumado.

En realidad, la pequeña fe que Abraham había tenido en años anteriores estaba mezclada con la carne. Esa fe engendró a Ismael con la carne. Dios hizo a un lado a Abraham por trece años, y lo llevó a su fin para que fuera purificado.

Parecía que Abraham había fracasado. No obstante, Dios seguía obrando en él. Recordemos que es posible que Dios no actúe en nosotros cuando estemos en victoria, y que Su obra no cese por completo cuando estemos caídos. Debemos encomendarnos en las manos del Señor, Aquel que vive para siempre. Si Dios nos llamó y comenzó Su obra en nosotros, nunca desistirá, aun cuando estamos débiles y caemos, El sigue efectuando Su obra y guiándonos paso a paso.

Cuando Dios le volvió a decir a Abraham que Sara su mujer daría a luz un hijo, él se postró sobre su rostro y se rió. ¿Sé reía de Dios? No. En realidad se reía de sí mismo, pues era una situación demasiado difícil de aceptar. No obstante, en medio de esa situación, creyó a Dios. Es extraño como en situaciones fáciles, es difícil creer a Dios, mientras que en situaciones difíciles es fácil creer en El. Las situaciones fáciles no ayudan a creer en Dios. Cuando alguien se enfrenta a una situación desesperante, verdaderamente cree en Dios. Por tanto, Dios siempre nos guía a creer en El de dos maneras: al darnos fin por medio de nuestras circunstancias y al poner fin a nuestra carne. La lección que aprendemos por las circunstancias es externa, mientras que la que aprendemos por la circuncisión es interna. La vejez de la matriz de Sara era un golpe que venía de las circunstancias y, por ende, era externo. La circuncisión de Abraham llevaba su carne a su fin, lo cual era algo interno. Es necesario que Dios nos lleve a nuestro fin para que creamos en El. Si nuestra carne es quebrantada, creeremos en Dios sin importar cuán agradables o difíciles sean nuestras circunstancias.

Dios no quiere una fe mezclada, sino una fe pura. No debemos creer solamente cuando las cosas se ven bien y cuando tenemos confianza en nosotros mismos. Debemos creer simplemente porque Dios ha hablado. Abraham no había podido creer así trece años antes, pero ahora había sido llevado al punto de considerar su cuerpo como muerto y a notar lo muerta que estaba la matriz de Sara. La fe que ahora tenía era pura, pues creía en Dios solamente. La fe que tuvo anteriormente se basaba en Dios y en sí mismo, pero ahora se basaba solamente en Dios porque su propia fuerza se había esfumado y no quedaba nada de ella en él; todo se le había acabado. Esto se confirma con la risa de Abraham. El comprendía que todo lo que había en él se había terminado. Sin embargo, Dios le dijo: "Sara tu mujer te dará a luz un hijo, y llamarás su nombre Isaac" (17:19).

Debemos notar que Dios deseaba que Abraham engendrara a Isaac, no a Ismael. El nunca aceptará ningún reemplazo en Su obra. Después de esperar trece años, todavía deseaba que Abraham engendrara a Isaac. ¡Ismael nunca puede satisfacer a Dios!

Génesis 17:23-24 dice: "Entonces tomó Abraham a Ismael su hijo, y a todos los siervos nacidos en su casa, y a todos los comprados por su dinero, a todo varón entre los domésticos de la casa de Abraham, y circuncidó la carne del prepucio de ellos en aquel mismo día, como Dios le había dicho. Era Abraham de edad de noventa y nueve años cuando circuncidó la carne de su prepucio". La circuncisión de Abraham fue su reconocimiento de que estaba acabado, que su carne era completamente inútil. En sí mismo, no podía creer en la promesa de Dios. Pero cuando ya no pudo creer, surgió la verdadera fe. Cuando no pudo creer ni hacer nada, verdaderamente confió en Dios. Da la impresión de que creía y al mismo tiempo no podía creer. Quedaba sólo una trémula luz de fe en él. Sin embargo, ésta era la fe pura. La condición en la que se encontraba Abraham en ese momento se describe en Romanos 4:19-20: "Y no se debilitó en su fe, aunque consideró su propio cuerpo, ya muerto, siendo de casi cien años, y lo muerta que estaba la matriz de Sara; tampoco dudó, por incredulidad, de la promesa de Dios, sino que se fortaleció en fe, dando gloria a Dios".

El amigo de Dios

En el capítulo dieciocho, después de que Abraham creyó y fue circuncidado, su comunión con Dios se hizo más íntima. Esto muestra que era amigo de Dios. Génesis 18 es un capítulo especial que habla de tres cosas: (1) la comunión, (2) el conocimiento y (3) la intercesión. Estas tres cosas están íntimamente relacionadas y son el disfrute especial de un cristiano que ha seguido al Señor por muchos años. Hablaremos de ellas brevemente.

"Después le apareció Jehová en el encinar de Mamre" (Gn. 18:1). Al final del capítulo trece, Abraham moraba en el encinar de Mamre, el cual está en Hebrón, que significa *comunión*. La aparición de Dios a Abraham denota que éste se encontraba firme en el terreno de la comunión, "estando él sentado a la puerta de su tienda en el calor del día. Y alzó sus ojos y miró, y he aquí tres varones que estaban junto a él" (18:1-2). Este pasaje del Antiguo Testamento es muy peculiar. Dios visitó a Abraham, no como el Dios de la gloria, sino en forma de hombre; ésta fue una aparición muy íntima. Dios se le apareció en la posición de hombre, y por eso Abraham no pensó que fuera Dios. "Y alzó sus ojos y miró, y he aquí tres varones que estaban junto a él; y cuando los vio, salió corriendo de la puerta de su tienda a recibirlos, y se postró en tierra, y dijo: Señor, si ahora he hallado gracia en tus ojos, te ruego que no pases de tu siervo. Que se traiga ahora un poco de agua, y lavad vuestros pies; y recostaos debajo de un árbol, y traeré un bocado de pan, y sustentad vuestro corazón, y después pasaréis; pues por eso habéis pasado cerca de vuestro siervo. Y ellos dijeron: Haz así como has dicho. Entonces Abraham fue de prisa a la tienda a Sara, y le dijo: Toma pronto tres medidas de flor de harina, y amasa y haz panes cocidos debajo del rescoldo. Y corrió Abraham a las vacas, y tomó un becerro tierno y bueno, y lo dio al criado, y éste se dio prisa a prepararlo. Tomó también mantequilla y leche, y el becerro que había preparado, y lo puso delante de ellos; y él se estuvo con ellos debajo del árbol, y comieron" (vs. 2-8). Esta fue la comunión que Abraham tuvo con Dios. ¡Abraham fue guiado por Dios al grado de comunicarse con El como amigo!

Después de esto se mencionó una vez más el asunto del hijo. El capítulo diecisiete habla de que Abraham se rió, y el capítulo dieciocho, de que Sara se rió. Abraham estaba preparado; ahora él podía comunicarse con Dios. Mientras ellos conversaban fuera de la tienda, Sara escuchaba a la puerta y se reía para sí. Dios hizo referencia a la risa de Sara (vs. 12-15). Esto era comunión. Dios se hizo hombre y se comunicó con un hombre. Esta es la comunión que existe entre Dios y Su pueblo.

"Y los varones se levantaron de allí ... y Abraham iba con ellos acompañándolos" (v. 16). Esto es comunión. Esto es lo que significa ser amigo de Dios. Si hay comunión, hay conocimiento mutuo, el cual no consiste simplemente en conocer la Biblia, sino en conocer a Dios. Cuando Abraham tuvo comunión con Dios, lo conoció de un modo particular. "Y Jehová dijo: ¿Encubriré yo a Abraham lo que voy a hacer...?" (v. 17). Esto es evidencia de una estrecha amistad. Dios trataba a Abraham como amigo. Leemos: "Entonces Jehová le dijo: Por cuanto el clamor contra Sodoma y Gomorra se aumenta más y más, y el pecado de ellos se ha agravado en extremo, descenderé ahora, y veré si ha consumado su obra según el clamor que ha venido hasta mí; y si no, lo sabré" (vs. 20-21). Dios le reveló Su secreto a Abraham. Delante de Dios, Abraham podía saber lo que otros no podían. Dios le revela Su voluntad sólo a aquellos que caminan con El. Lo maravilloso de caminar con Dios es que podemos conocerlo.

Después que Dios le habló de este secreto, Abraham inmediatamente empezó a interceder. La intercesión es gobernada por la comunión y por el conocimiento. El conocimiento se encuentra en la comunión, y en el conocimiento se halla la carga de la intercesión. La oración que ofreció Abraham fue el producto de conocer a Dios y de estar de acuerdo con El. Abraham se acercó al Señor y le dijo: "¿Destruirás también al justo con el impío? ... El Juez de toda la tierra, ¿no ha de hacer lo que es justo?" (vs. 23-25). Abraham se puso del lado de Dios al orar; su único interés era la justicia de Dios. En otras palabras, él no oró para tratar de cambiar lo que Dios tenía en Su corazón, sino para expresarlo. Así que, la oración que conoce el corazón de Dios no trata de cambiar Su voluntad sino para expresarla. La oración de Abraham era una oración que conocía la voluntad de Dios y la expresaba. ¡Abraham verdaderamente era amigo de Dios!

LA SEGUNDA PRUEBA: ORA POR LA CASA DE ABIMELEC

Abraham pasó la primera prueba. El asunto de haber engendrado a Ismael con su fuerza carnal había pasado. Desde el punto de vista humano, él ya había cumplido todos los requisitos, y ya era el momento de que naciera Isaac. Pero antes de completarse lo descrito en el capítulo diecisiete, se acercaba otro incidente, y fue probado una segunda vez en cuanto a su hijo.

Génesis 20:1 dice: "De allí partió Abraham a la tierra del Neguev, y acampó entre Cades y Shur, y habitó como forastero en Gerar". Abraham cometió el mismo error que había cometido en Egipto cuando dijo que Sara era su hermana. Después de ser reprendido por Faraón en Egipto, Dios lo trajo de regreso. Pero en el capítulo veinte fue a Abimelec rey de Gerar y cometió el mismo error. Es difícil entender cómo pudo caer tan bajo después de haber alcanzado la cumbre de la comunión en el capítulo dieciocho. El capítulo veinte narra algo que no se menciona en el capítulo doce. Abimelec reprendió a Abraham, diciendo: "¿Qué nos has hecho? ... ¿Qué pensabas, para que hicieses esto?" (vs. 9-10). Abraham respondió: "Porque dije para mí: Ciertamente no hay temor de Dios en este lugar, y me matarán por causa de mi mujer. Y a la verdad también es mi hermana, hija de mi padre, mas no hija de mi madre, y la tomé por mujer. Y cuando Dios me hizo salir errante de la casa de mi padre, yo le dije: Esta es la merced que tú harás conmigo, que en todos los lugares adonde lleguemos, digas de mí: Mi hermano es" (vs. 11-13). De manera, que la raíz de este problema no estaba en Egipto, sino en Mesopotamia. Por lo tanto, cuando fue a Gerar, volvió a ocurrir lo mismo.

Dios operó en Abraham a fin de mostrarle que ni él ni Sara podían separarse. En Mesopotamia, Abraham pensó que él y Sara podían separarse, y que en caso de peligro, la pareja podía convertirse en hermanos. Abraham estaba firme en el terreno de la fe, y Sara en el terreno de la gracia. El hombre aporta la fe, y Dios aporta la gracia. La fe y la gracia nunca se pueden separar; deben permanecer juntas. Si se elimina la gracia, no hay fe ni se produce el pueblo de Dios, y por ende, Cristo no puede nacer. Pero Abraham pensó que se podía separar de Sara. La raíz fue plantada en Mesopotamia y se manifestó en Egipto. Ahora se manifestaba de nuevo. Dios estaba arrancando la raíz que había sido plantada en

Mesopotamia. Si no se hubiera resuelto este asunto, Isaac no habría podido nacer. Para que el pueblo de Dios mantenga Su testimonio, se necesitan tanto la fe como la gracia. No es suficiente tener fe solamente ni gracia solamente. Dios le mostró a Abraham que no podía sacrificar a Sara ni separarse de ella.

"Jehová había cerrado completamente toda matriz de la casa de Abimelec, a causa de Sara mujer de Abraham" (v. 18). Cuando Abimelec le devolvió a Abraham su mujer, "Abraham oró a Dios; y Dios sanó a Abimelec y a su mujer, y a sus siervas, y tuvieron hijos" (v. 17). Después de este incidente, Sara engendró a Isaac en el capítulo veintiuno. Esto es asombroso.

Las mujeres de la casa de Abimelec no pudieron tener hijos. ¿Por qué pudieron volver a tener hijos y Dios las sanó cuando Abraham oró? El pudo orar por esta necesidad en otros, aun cuando su propia esposa nunca había dado a luz un hijo. ¿Cómo podía él orar por las mujeres de la casa de Abimelec? Ciertamente, esta era una situación difícil. Pero en este asunto, la raíz que Abraham había plantado en Mesopotamia fue desenterrada por Dios. Abraham comprendió que la fecundidad de su esposa dependía totalmente de Dios. Probablemente mientras oraba por la casa de Abimelec, no tenía ninguna confianza en sí mismo; su confianza estaba en Dios. Ahora Abraham estaba completamente libre de sí mismo. No tenía hijo, y aún así, pudo orar para que otros los tuvieran. Su carne verdaderamente había sido quebrantada.

Esta fue la segunda prueba que pasó Abraham en cuanto a su hijo. Este vez, él aprendió la lección de que Dios es el Padre. Aunque ni su esposa ni las mujeres de la casa de Abimelec podían tener hijos, Abraham oró por las mujeres de la casa de Abimelec. Lo hizo porque sabía que Dios es el Padre. Comprendió que el poder viene de Dios y no de sí mismo. Si Dios quiere hacer algo, puede hacerlo; pues nada es imposible para El. Abraham tuvo que pagar un precio al orar por las mujeres de la casa de Abimelec. El precio era él mismo. El oró por aquello que él deseaba para sí. Dios le estaba pidiendo que orara por algo que no había tenido en toda su vida. Dios lo estaba tocando en este asunto. En consecuencia, al orar por las mujeres de la casa de Abimelec, cesaron todas las actividades de su yo. Sólo una persona que no pensaba en sí misma y se olvidaba de sí, podía orar por las mujeres de la casa de Abimelec en aquel día. Gracias al Señor que Dios llevó a Abraham al punto donde podía quitar la mirada de sí mismo. El pudo hacer esto porque conocía a Dios como el Padre.

Necesitamos recordar que el nombre *Padre* significa dos cosas. Dios es nuestro Padre, y Su relación con los creyentes es una relación de Padre a hijo; esto es muy íntimo. Esto es algo que muchos cristianos comprenden en el momento de su regeneración. Pero hay una lección más que tenemos que aprender. Dios es el Padre en la Trinidad; todo procede de El. Este es el significado de Dios el Padre. El es el Padre de todas las cosas. Este es el otro significado de Dios el Padre. Abraham aprendió esta lección. Si pudo orar por las mujeres de la casa de Abimelec, no fue porque él tuviera muchos hijos en su casa, sino porque vio que Dios era el Padre. Al engendrar a Ismael, Abraham aprendió a conocer a Dios como padre. En el incidente de Abimelec, Abraham aprende la misma lección una vez más. Por consiguiente, después de esto, Dios cumplió Su promesa y le dio a Isaac.

CAPITULO SEIS

ABRAHAM Y SU HIJO

(3)

Lectura bíblica: Gá. 4:29-31; 5:1; He. 11:17-19; Jac. 2:20-24; Gn. 21:8-10; 22:1-5, 16-18

Después que Abraham comprendió que Dios es el Padre, al interceder por las mujeres de la casa de Abimelec, Sara le dio un hijo en el tiempo señalado por Dios. Abraham llamó el nombre de su hijo Isaac. Cuando nació su hijo, Abraham tenía cien años de edad (Gn. 21:5).

El día que fue echado Ismael

El día que Isaac fue destetado, Dios dijo lo siguiente por medio de Sara: "Echa a esta sierva y a su hijo, porque el hijo de esta sierva no ha de heredar con Isaac mi hijo" (v. 10). Esta palabra no provenía de los celos de Sara. Gálatas 4:30 nos muestra que Dios habló por la boca de Sara: "Porque de ningún modo heredará el hijo de la esclava con el hijo de la libre". Esto significa que sólo una persona podía cumplir la meta de Dios; y esta persona era Isaac, no Ismael. Ismael fue el primero, no el segundo; por tanto, él representa a Adán, no a Cristo. "Mas lo espiritual no es primero, sino lo anímico; luego lo espiritual" (1 Co. 15:46). Los que son de la carne no pueden heredar el reino de Dios ni cumplir la meta de Dios. El segundo fue Isaac. Por consiguiente, Isaac representaba aquello que es espiritual, y a quienes pueden recibir la herencia de Dios y mantener Su testimonio.

Nótese que Ismael no fue echado el día que nació Isaac, sino después de que éste fue destetado. Sin Isaac, era imposible echar a Ismael. Algunos hermanos y hermanas están llenos de obras carnales y tienen una conducta carnal.

Cuando oyen hablar de la carne y su significado, ya no se atreven a hacer nada y cesan de toda actividad. No han obtenido a Isaac todavía. Es por eso que cuando echan a Ismael, no pueden hacer nada. Muchos cristianos están nada acostumbrados a hacer muchas cosas por su cuenta, según su esfuerzo carnal. Una vez que detienen sus actividades carnales, quedan sin obra espiritual. Nada de lo que tenían antes era espiritual; todo era carnal. El principio es que Isaac debe ser destetado. Esto quiere decir que Ismael puede ser echado solamente cuando Isaac es lo suficientemente fuerte como hijo y ha obtenido el debido lugar.

¿Qué significa ser echado? Leamos Gálatas 5:1: "Para libertad Cristo los libertó; estad, pues, firmes, y no estéis otra vez sujetos al yugo de esclavitud". Esto muestra que el Señor Jesús ya nos libertó y vive en nosotros. La vida que hemos recibido es una vida de libertad; fuimos libertados. Por lo tanto, no debemos intentar *hacer* nada para agradar a Dios. Cada vez que intentamos *hacer* algo, nos convertimos en Ismael. Cuando dejamos de intentar, el Hijo nos hace libres. La vida cristiana gira en torno a si nuestras acciones las hacemos nosotros o no. Cada vez que intentamos *hacer* algo para agradar a Dios, el yo y la ley del pecado y de la muerte están presentes, y volvemos a caer en la posición de Ismael y nos convertimos en los hijos de la sierva. Como hijos de la libre, no es necesario hacer nada por nuestro esfuerzo. Tenemos una vida en nosotros que lo hará todo de manera espontánea. Ya *somos* cristianos y no necesitamos *simular* la vida cristiana. *Somos* hijos de Dios y no tenemos que *tratar de portarnos* como tales. Vivimos reposando sobre la base de lo que *somos* no de lo que *hacemos*. Cada vez que intentamos *hacer* algo, "estamos otra vez sujetos al yugo de esclavitud" y nos convertimos en hijos de la sierva. Si permanecemos firmes en la posición de Isaac, la vida que poseemos se manifestará por medio de nosotros espontáneamente.

Después de que Abraham echó a Ismael, incluso Abimelec, quien lo había reprendido, vino a él y le dijo: "Dios está contigo en todo cuanto haces" (Gn. 21:22). La raíz del fracaso de Abraham había sido eliminada, y Dios pudo manifestar Su propia obra plenamente por medio de Isaac.

LA TERCERA PRUEBA: OFRECER A ISAAC

Abraham había sido probado dos veces en cuanto a su hijo. La primera prueba fue el engendramiento de Ismael. La segunda fue su oración por las mujeres de la casa de Abimelec. Ahora fue probado por tercera vez en cuanto a su hijo. Esta tercera prueba consistió en ofrecer a Isaac su hijo en el monte de Moriah.

Abraham ofrece a Isaac

Abraham había alcanzado la posición correcta. Se podría decir que había llegado a la cumbre. Después del capítulo veintidós, la narración se vuelve a la historia de su vejez. Por ende, el capítulo veintidós marca la cumbre de la vida de Abraham. Uno puede decir que este período era el apogeo de su vida.

En Génesis 22:1-2 leemos: "Aconteció después de estas cosas, que probó Dios a Abraham, y le dijo: Abraham. Y él respondió: Heme aquí. Y dijo: Toma ahora tu hijo, tu único, Isaac, a quien amas, y vete a tierra de Moriah, y ofrécelo allí en holocausto sobre uno de los montes que yo te diré". Esta exigencia estaba relacionada con el cumplimiento de la promesa de Dios. Isaac era el único hijo de Abraham, y lo amaba muchísimo. Ofrecer a Isaac, era un gran precio que Abraham tenía que pagar. Pero ése no es el punto principal. Hebreos 11 nos muestra algo que no se encuentra en Génesis 22. Hebreos 11:18 dice: "En Isaac te será llamada descendencia". Así que, no se trataba solamente de sacrificar al hijo amado de Abraham, sino de la propia promesa, la meta y la obra de Dios. Dios no le dio un hijo a Abraham para él solo. Su intención era cumplir Su meta por medio de Isaac. Si Isaac moría, ¿qué pasaría? Esta era la prueba que tenía que pasar Abraham.

Esta prueba lo incluyó a él como individuo y como vaso. Hebreos 11:18 nos muestra el aspecto del vaso. Dios prometió darle un hijo a Abraham y deseaba que este hijo fuera ofrecido como holocausto. Esto es algo incomprensible para la carne. Un holocausto tiene que ser consumido por el fuego. Todas las promesas de Dios giraban en torno a Isaac. Si Isaac era consumido, ¿no serían consumidas las promesas de Dios? La meta de Dios y Su obra estaban en Isaac. Si él era consumido, ¿no lo serían también la promesa, la meta y la obra de Dios? Era lógico y acertado echar a Ismael debido a que él había nacido de la carne. Pero Isaac nació según la promesa de Dios. ¿Por qué había de ser ofrecido como holocausto? Abraham había buscado satisfacción en Ismael. Pero Dios mismo le dijo que no. Fue Dios el que dijo reiteradas veces que Sara tendría un hijo. Abraham no insistió en buscar este hijo; fue Dios quien se lo dio. Ahora Dios quería que se lo devolviera, y no de cualquier manera, sino en holocausto. Esto iba más allá de su entendimiento. Si Isaac no debía nacer, Dios debió habérselo dicho a Abraham antes. Si estaba bien que Isaac naciera, entonces lo correcto sería que Abraham se quedara con él. Si Dios no quería que Abraham conservara a Isaac, no debió dárselo. Si Dios quería que Abraham tuviera a Isaac, no debería exigirle que se lo ofreciera en holocausto. ¿Qué fin tenía engendrar un hijo para luego ofrecerlo? El único propósito era conducir a Abraham a que tuviera un entendimiento profundo de que Dios es el Padre.

Dios es el Padre

Abraham aún tenía una última lección por aprender. Era en realidad una confirmación de la lección que ya había aprendido. Para que Dios pudiera ser el Dios de Abraham, éste tenía que conocer a Dios como Padre. No había duda en cuanto a Isaac; sin duda alguna Dios lo había dado y era un hijo según Su promesa. Pero, ¿cuál era la relación de Abraham con Isaac? La profunda lección que tenemos que aprender delante del Señor es que no podemos apegarnos a ninguna de las cosas que Dios nos ha dado; El no nos permite asirnos de ellas. Es erróneo adquirir algo valiéndonos de la carne, pero es igualmente erróneo asirnos con nuestras manos carnales de lo que recibimos por medio de la promesa. Sin duda, Isaac fue dado por Dios; pero, ¿qué relación estableció Abraham con Isaac?

Al engendrar a Isaac, Abraham aprendió que Dios es el Padre. Pero todavía necesitaba aprender una cosa más. Dios era el Padre antes de nacer Isaac, pero, ¿lo seguía siendo después? Esta es la situación que afrontan muchos cristianos hoy. Antes de que nazca su "Isaac", están conscientes de que Dios es el Padre. Pero después de que nace su Isaac, sus ojos se vuelven a sí mismos. Piensan que al nacer su Isaac, son ellos los que deben cumplir las promesas de Dios, realizar Su meta y producir Su obra. Piensan que necesitan estimar a su Isaac, preocuparse por él y hacer que permanezca en alto. Dios queda en segundo plano cuando nace el Isaac de ellos. Todos los pensamientos se centran en sí mismos, y Dios no es nada para ellos. Sin embargo, necesitamos ver que Dios es el Padre y El no permitirá que nuestros pensamientos se centren en nuestro Isaac. Dios es el Padre y no es limitado por el tiempo. Antes de nacer Isaac, Dios era el Padre y seguía siéndolo después. El cumplimiento de las promesas de Dios depende de El, no de Isaac.

Isaac era un regalo de Dios. He ahí nuestro mayor peligro ante el Señor. Antes de recibir algún don, nuestras manos están vacías y, por tanto, podemos tener comunión con Dios, pero una vez que recibimos el don, nuestras manos se llenan, y dejamos de tener comunicación con El y nos conformamos con el regalo. Dios tiene que enseñarnos la lección de que debemos hacer a un lado los dones y vivir totalmente en Dios. Antes de ser quebrantada la carne, el hombre vive según el don y hace a Dios a un lado, pero Dios no aprueba esto.

El engendramiento de Isaac fue una experiencia que tuvo Abraham. Podemos decir que esta fue una experiencia maravillosa para él. Pero Dios no nos da experiencias para que permanezcamos en ellas el resto de la vida. Debemos comprender que vivimos de Dios, no de las experiencias. El engendramiento de Isaac fue una experiencia admirable, pero no era el Padre. Fue una experiencia, no era la fuente [de subsistencia]. El problema es que cuando experimentamos algo de Cristo, nos asimos a ello y lo sobrestimamos, pero nos olvidamos de que Dios es el Padre. Dios no tolerará esto. El nos mostrará que es posible desprendernos de nuestra experiencia pero que a El no lo podemos abandonar. Podemos prescindir de Isaac, pero no nos podemos separar del Padre ni por un instante.

Esto aún no ha tocado el meollo del asunto. El entendimiento de que Isaac representa un don o una experiencia sólo afecta nuestra vida carnal. Existe otra cosa importante: Isaac representa la voluntad de Dios, de la cual Dios le había hablado a Abraham. Si Isaac moría, ¿no significaría eso que la voluntad de Dios revelada a Abraham se quedaría sin cumplir? Debido a que Abraham se interesaba tanto por la voluntad de Dios, tuvo que usar toda su energía para aferrarse a Isaac. Esta es la situación de muchos cristianos. Debemos comprender que tenemos una relación con Dios mismo, no con lo que El va a hacer ni con la voluntad que El ha expresado. Debemos ser llevados al punto donde ya no exista nuestro yo. Debemos ser liberados al grado de anhelar a Dios solamente, no las cosas que El desea que hagamos. En muchas ocasiones nos valemos de nuestras manos carnales para poner en alto aquello que Dios quiere que hagamos. Pensamos que como Dios quiere que hagamos cierta cosa, tenemos que hacer lo posible por cumplirlo. Pero en realidad, la lección que Dios nos enseña es que abandonemos nuestra propia voluntad a fin de que hagamos lo que El quiere y no lo que no quiere.

Isaac también representa nuestras actividades espirituales. Puede ser que Dios nos llame a participar de alguna obra espiritual. No obstante, es posible que no queramos hacerlo. Preferimos a nuestro Ismael y queremos tener nuestra propia obra. Un día Dios nos hablará, y después de hacerlo varias veces, veremos que ya no podemos escaparnos, y diremos: “Está bien. Estoy dispuesto a soltar mi obra y a tomar la Tuya”. Pero hay otro peligro después: puede ser que soltemos una obra sólo para encontrarnos envueltos en otra. Antes de tener a Isaac, nos aferrábamos a Ismael, pero al venir Isaac, nos aferramos a Isaac. No seguimos relacionados directamente con Dios, sino con la obra. Seguimos laborando y no desistimos. Cambiamos a Dios por las obras espirituales. Es por eso que El deja que nuestras obras mueran. Quizá aleguemos con El y le digamos: “Tú me pediste que lo hiciera. ¿Por qué terminé en este fracaso?” Debemos comprender que Dios permite que nuestra obra fracase porque no quiere que nos apeguemos a la obra. Si vemos esto, nuestro yo desaparecerá.

Anteriormente, la carne había engendrado a Ismael, no a Isaac. Ahora la carne se aferra a Isaac. En ambos casos es la carne. Dios estaba probando a Abraham para ver sí su ser estaba apegado a Isaac o a El. Esta es la prueba que confrontó Abraham en el monte Moriah.

Debemos hacernos la misma pregunta. Dios nos llamó a la obra y a Su servicio. Al comienzo no estábamos dispuestos, pero más tarde nos dispusimos y nos vinculamos a Su obra. ¿Amamos esta obra? ¿Estamos renuentes a desprendernos de ella? ¿Nos aferramos a esta obra con nuestras manos? Si es así, Dios intervendrá para quebrantarnos. El desea que comprendamos que a Isaac lo podemos sacrificar, mas nunca podemos sacrificar a Dios, porque sólo El es el Padre. No obstante, muchos cristianos sólo saben que deben realizar actividades espirituales; no saben que en realidad necesitan a Dios. Que el Señor nos conceda Su gracia para que no nos liguemos a las actividades espirituales, sino a Dios, pues sólo El es nuestro Padre.

El Dios de resurrección

Para entonces Abraham había llegado a la madurez. Cuando oyó que Dios deseaba que ofreciera a Isaac, no lo consideró como algo difícil. Les dijo a sus siervos: “Esperad aquí con el asno, y yo y el muchacho iremos hasta allí y adoraremos, y volveremos a vosotros” (Gn. 22:5). Abraham ni siquiera mencionó la palabra *sacrificio,* pues para él aquello era una adoración. Nada era más valioso que Dios mismo, ni siquiera la obra más importante que Dios le había asignado. Cuando Dios quería que él abandonara algo, lo abandonaba voluntariamente. Todo era para Dios, y no discutía con El.

Hebreos 11:19 nos muestra que cuando Abraham ofreció a Isaac, sabía que Dios era el Dios de resurrección. Obedeció al mandato de Dios de ofrecer a Isaac [y de darle muerte], “de donde, en sentido figurado, también le volvió a recibir”. Es verdad que Abraham no dio muerte a Isaac, pero Hebreos 11:19 dice que “de donde [o sea, de la muerte], en sentido figurado, también le volvió a recibir”. Abraham conocía a Dios no sólo como el Dios de la creación, sino también como el Dios de la resurrección. Creyó que aun si moría su hijo,

Dios lo resucitaría. Conocía a Dios como el Padre, como el que lo inicia todo, que llama las cosas que no son como si fuesen y el que da vida a los muertos. Sabía que Dios es el Padre, y creyó y esperó en El. En Génesis 15 Abraham fue justificado por la fe. Dios lo volvió a justificar a causa de este mismo acto de fe en Génesis 22, el cual también se menciona en Jacobo 2:21-23. Para entonces, lo único que le interesaba a Abraham era Dios; ya no estaba preocupado por Isaac.

EL VASO DE DIOS ES PERFECCIONADO

Debemos comprender delante del Señor, que no debemos aferrarnos ni siquiera a la comisión que hemos recibido, ni a la obra que estamos haciendo, ni a la voluntad de Dios que conocemos. Existe una gran diferencia entre lo que proviene de lo natural y lo que proviene de la resurrección. Todo aquello de lo cual nos cuesta desprendernos es natural. Todo lo que proviene de la resurrección es preservado por Dios, y nosotros no podemos aferrarnos a ello con nuestras manos carnales. Necesitamos aprender a darle gracias al Señor por llamarnos a Su obra y también por no llamarnos a participar en ella. Nosotros no estamos vinculados directamente a la obra de Dios, sino a Dios mismo. Todo debe pasar por la muerte y por la resurrección. ¿Qué es la resurrección? Es todo aquello que no podemos tocar con nuestras manos ni podemos retener; esto es la resurrección. Las cosas naturales pueden estar bajo nuestro control, pero es imposible controlar las que están en la esfera de la resurrección. Debemos ver que todo lo que tenemos viene de Dios y que lo que le pertenece a Dios no puede convertirse en nuestra posesión privada y, por tanto, debemos ponerlo en Sus manos. Dios entregó Isaac a Abraham, pero le seguía perteneciendo a Dios, no a Abraham. Cuando Abraham llegó a este punto, se convirtió en un vaso completo.

Cuando Abraham alcanzó este punto, Dios dijo: "Por mí mismo he jurado, dice Jehová, que por cuanto has hecho esto, y no me has rehusado tu hijo, tu único hijo; de cierto te bendeciré, y multiplicaré tu descendencia como las estrellas del cielo y como la arena que está a la orilla del mar; y tu descendencia poseerá las puertas de sus enemigos. En tu simiente serán benditas todas las naciones de la tierra, por cuanto obedeciste a mi voz" (Gn. 22:16-18). La meta final a la que Abraham había sido llamado al comienzo se había cumplido. Dios había llamado a Abraham con tres propósitos. Primero, El quería darle la tierra de Canaán a Abraham y a sus descendientes. Segundo, quería hacer de Abraham y sus descendientes Su propio pueblo. Tercero, quería bendecir a todas las naciones de la tierra por medio de él. Abraham fue probado en cuanto a Canaán y en cuanto a su descendiente. El llegó a ser el vaso de Dios, y Dios pudo decir: "En tu simiente serán benditas todas las naciones de la tierra". La meta de Dios se había cumplido.

Los dones no nos hacen vasos de Dios ni ministros Suyos. Los vasos y los ministros de Dios deben ser aquellos que están delante del Señor, que han sido quebrantados y que tienen mucha experiencia. La peor equivocación que tenemos en el servicio que rendimos a Dios es pensar que los obreros de Dios son edificados sobre el conocimiento y los dones o inclusive sobre la astucia natural. Si una persona es astuta por naturaleza y tiene buena memoria, otros dirán que tal persona es apropiada y que es muy promisoria en el servicio de Dios y que es útil en los asuntos espirituales. El hombre piensa que un vaso que es eficiente, rápido y elocuente en su constitución natural es "útil al Amo", y que siempre y cuando tenga algo de talento espiritual y de elocuencia sólo necesita adquirir más enseñanzas, teología y conocimiento bíblico. Pero tenemos que ser francos. El primer vaso que Dios llamó no llegó a serle útil a causa de estas cosas; tuvo que recorrer un largo camino. En repetidas ocasiones Dios le mostró sus debilidades y su inutilidad y que no se complacía en su energía carnal. Dios lo quebrantó paso a paso hasta que Abraham le conoció verdaderamente como Padre. Finalmente, él ofreció Isaac a Dios. Para entonces, se había convertido en un vaso útil, y Dios pudo decir: "En tu simiente serán benditas todas las naciones de la tierra".

Es cierto que hay diferentes niveles en nuestro servicio a Dios, y que podemos servirle en el nivel que estemos. Pero el asunto crítico es "¿qué clase de servicio debemos realizar a fin de satisfacerle?" Los que satisfacen a Dios son los que, por un lado, conocen la cruz, y por otro, conocen a Dios como Padre. Si nuestro servicio carece de este conocimiento, no tiene ningún valor espiritual. Que el Señor por Su gracia nos muestre que todo lo que El hizo, lo hizo para revelarse a Abraham como Padre y como el iniciador de todo. Puesto que Abraham conoció a Dios como Padre, es el único en toda la Biblia a quien se le llama "padre". Sólo aquellos que conocen a Dios como Padre pueden ser padres. Lo que conocemos de Dios determina la clase de vaso que somos delante de El. Que el Señor nos libre de las doctrinas y del conocimiento muerto. La clase de vasos y ministros que podemos ser está en relación directa con el conocimiento que tengamos de El. Los vasos y los ministros de Dios conocen a Dios.

CAPITULO SIETE

LAS CARACTERISTICAS DE ISAAC

Lectura bíblica: Gn. 25:5-6, 11a; 26:1-5, 23-24

Dios no busca obtener para Sí simplemente un individuo, Abraham. El busca obtener un vaso corporativo, los descendientes de Abraham, la iglesia, un vaso que cumplirá Su propósito. La historia de Abraham abarca tanto su experiencia personal como la experiencia que deben pasar todos los vasos de Dios. Abraham no era simplemente un individuo; era el padre de los que creen (Gá. 3:7). Así como él tuvo que pasar por estas experiencias, todos los que tienen fe deben pasar por ellas. Al leer la historia de Abraham, debemos comprender que se trata de una descripción no sólo de la experiencia de Abraham al ser quebrantado por el Señor, sino también de la norma por la cual Dios disciplina a todo Su pueblo. Dios requiere de todo creyente la experiencia que tuvo Abraham. Si no llenamos este requisito, no podemos satisfacer el corazón de Dios ni alcanzar Su meta.

Dios desea que seamos los vasos que cumplan Su plan; desea que participemos de Su obra de restauración. Las experiencias de Abraham fueron maravillosas, y la disciplina que recibió fue de gran valor. Al comienzo él era una persona común, pero Dios lo hizo pasar por muchas experiencias hasta que un día llegó a ser una persona radiante en Génesis 22. Surge la pregunta: ¿por qué algunos de nosotros aún no somos radiantes a pesar de que hemos sido cristianos por tantos años? Si Abraham es la norma del pueblo de Dios, ¿cómo podemos alcanzar esa norma? ¿Cómo podemos permitir que Dios logre en nosotros lo que logró en Abraham? Dios obtuvo un vaso al tomar para Sí a Abraham. ¿Podrá obtenerlo en nosotros? Este es el interrogante que tenemos por delante.

La Biblia nos dice que Dios no sólo es llamado el Dios de Abraham, sino también el Dios de Isaac. Más adelante, también se le llama el Dios de Jacob. En cuanto a la meta de Dios, Abraham está completo en sí mismo, pero en cuanto a la obra, no lo está, pues necesita a Isaac y a Jacob para llegar a la perfección. Este es un principio muy importante en la Biblia. Para que Dios obtenga una persona, ésta necesita conocer a Dios como Padre, de la misma manera que Abraham; necesita ser librada de la obra de la carne como lo fue Abraham; y también necesita conocer a Dios como el Dios de Isaac y el Dios de Jacob. Uno tiene que conocer al Dios de Isaac y al Dios de Jacob antes de poder obtener lo que obtuvo Abraham. El propósito de Dios dependía completamente de Abraham, pues todo lo que le fue dado a Isaac ya le había sido dado a Abraham. Isaac no fue más allá de Abraham, y Jacob tampoco. Si Abraham llegó a la cumbre, ¿por qué no pudo heredar el reino inmediatamente? Porque todavía necesitaba otras experiencias. Era necesario que Isaac y Jacob se añadieran a Abraham para que Dios pudiera obtener lo que deseaba de Abraham. En otras palabras, necesitamos la experiencia de Abraham, al igual que la de Isaac y la de Jacob. Abraham es nuestra norma. Pero entre Abraham y la nación de Israel estaban Isaac y Jacob. Dios no podía pasar por alto a Isaac y a Jacob para establecer inmediatamente la nación de Israel. Primero era necesario que Isaac experimentara a Dios y que Jacob lo conociera, antes de que pudiera existir la nación de Israel y se produjera una experiencia colectiva. Dios procura obtener un vaso corporativo. A fin de ser parte de un vaso corporativo, uno tiene que conocer a Dios como el Dios de Abraham, el Dios de Isaac y el Dios de Jacob. Necesitamos recordar la palabra de Dios continuamente: "Yo soy el Dios de tu padre, Dios de Abraham, Dios de Isaac, y Dios de Jacob" (Ex. 3:6). Cuando Dios fue llamado el Dios de Abraham, el Dios de Isaac, y el Dios de Jacob, surgió la nación de Israel. Esto se revela en el libro de Exodo. Una vez que se llega a este punto, Dios obtiene Su vaso corporativo. Examinemos ahora el significado del Dios de Isaac.

ISAAC ES EL HIJO

Ya vimos el significado del Dios de Abraham. Abraham mismo era un padre. Por un lado, Dios condujo a Abraham a conocerlo a El como Padre, y por otro, lo hizo un padre. El nombre original de Abraham era Abram, que significa "padre", y más adelante fue llamado Abraham, que también significa "padre", pero uno superior: un padre de muchas naciones. Abraham conoció a Dios como Padre, y el resultado de ello fue que él mismo llegó a ser padre. El era un padre en todo el sentido de la palabra. En cuanto a la obra de restauración que Dios efectúa, Abraham fue el iniciador, y como tal fue padre. En cuanto a la elección de Dios, él fue el primero en ser escogido como miembro del pueblo de Dios y, por ende, también fue padre. En cuanto a sus acciones, fue el primero en cruzar el río; así que también fue el padre. Durante los dos mil años de historia posteriores a Adán, ¿quién fue un hebreo? ¿A quién llamó Dios a salir de su tierra, de su parentela y de la casa de su padre para ir a Canaán? ¿Habíamos oído de alguno que se comunicara con Dios y que tuviera una relación tan estrecha con El que se le llamara amigo de Dios? ¿Oímos antes de alguno que engendrara hijo después de pasar la edad de engendrar? ¿Oímos de alguno que tuviera un hijo a la edad de cien años, y que más tarde lo ofreciera como sacrificio? La Biblia nos muestra que en muchas cosas Abraham fue el primero; así que, sin duda, Abraham es un padre.

Ya que vimos que Abraham es el padre, debemos pasar a Isaac el hijo. Ninguna historia describe tan claramente al Señor Jesús el Hijo como la historia de Isaac. El nacimiento de Isaac no fue según la carne, sino según la promesa de Dios. Los primeros dos capítulos de Mateo, en el Nuevo Testamento, corresponden a Génesis en el Antiguo Testamento. Sólo hubo una persona en el Nuevo Testamento que no nació según la carne, y sólo una en el Antiguo Testamento. El Señor Jesús no solamente no nació de la carne, sino que era el Hijo unigénito, el amado de Su Padre. El fue puesto en el altar y vuelto a recibir del altar como de entre los muertos (He. 11:19). El es el Hijo a quien Dios ama, el cual murió y resucitó. Su Padre también envió un siervo a Su propia tierra y parentela para que le buscara una esposa. Los estudiosos de la Biblia saben que esto es una alusión al Espíritu Santo, quien busca la iglesia [como esposa] para Cristo. La iglesia está dentro de la voluntad de Dios; es engendrada por Dios y pertenece a la misma familia del Señor Jesús. Isaac y Rebeca eran de la misma familia. Los hijos de Dios, la iglesia, son engendrados por Dios de la misma manera que el Señor Jesús fue engendrado por El.

En una ocasión Abraham salió de Canaán para ir a Egipto, y Jacob pasó toda su vejez en Egipto. Pero Isaac nació en Canaán y murió en Canaán; él nunca salió de Canaán. Este es el Hijo, que nace, crece y muere en Canaán. El Hijo es Aquel que "descendió del cielo; el Hijo del Hombre, que está en el cielo" (Jn. 3:13). El es "el unigénito Hijo, que está en el seno del Padre" (1:18). Cuando estuvo en la tierra, El expresó al Padre; no obstante, El nunca dejó el seno del Padre. Por consiguiente, en la tipología, Isaac es la mejor figura del Hijo.

Según la tipología, Isaac ciertamente tipifica al Hijo. Pero, ¿qué experiencias tuvo Isaac? Podemos decir que todas las experiencias de Isaac fueron muy comunes. A diferencia de Abraham, quien hizo tantas cosas que nunca antes se habían hecho, Isaac hizo lo que otros ya habían logrado. Abraham verdaderamente era el padre, e Isaac, el hijo. En Génesis 21 vemos que el día que Isaac fue destetado, Ismael se burlaba, pero no vemos ninguna referencia a lo que Isaac hizo cuando era joven. Cuando Abraham puso la leña del holocausto sobre él y luego lo puso en el altar sobre la leña, Isaac no dijo ni una palabra. El fue a donde su padre le decía, y lo hizo sin proferir palabra. En un momento tan critico, lo único que dijo fue: "¿Dónde está el cordero para el holocausto?" (22:7). Su madre murió en Génesis veintitrés y en Génesis veinticuatro su padre le encontró esposa. El no tomó ninguna decisión, ni hizo nada para sí mismo, ni tenía nada de sí mismo. Cuando tenía sesenta años de edad, tuvo dos hijos, lo cual no era extraño, pues Abraham también tuvo dos hijos. Dios le mandó a Abraham que echara al primer hijo y que pusiera al segundo en el altar, pero a Isaac no le pidió esto. Aunque Dios amó a Jacob y aborreció a Esaú (Mal. 1:2-3), no le pidió nada a Isaac. Abraham experimentó hambre en Canaán, y también Isaac la experimentó (Gn. 12:10; 26:1). Cuando vino el hambre, Abraham descendió a Egipto. Mientras estuvo ahí le dijo a otros que su mujer era su hermana. En esto fue reprendido por Faraón (12:18-19). Aunque Isaac no descendió a Egipto cuando hubo hambre, sí descendió a Gerar, y allí también dijo que su mujer era su hermana. En esto fue reprendido por Abimelec (26:9-19). Más tarde, Isaac abrió algunos pozos de agua, pero estos pozos habían sido abiertos por su padre cuando éste vivía. A la muerte de su padre, los filisteos cegaron los pozos, pero Isaac los volvió a abrir, y los llamó por el nombre que su padre los había llamado (v. 18). Después de morir Isaac, fue sepultado en la tumba de su padre. Hasta su tumba fue preparada por su padre (49:30-31). Esta es la historia de Isaac.

Con base en estas experiencias, debemos aprender la lección de conocer a Dios como el Hijo. No sólo necesitamos conocer a Dios como el Padre, sino también a Cristo como el Hijo. ¿Qué significa que Dios sea el Hijo? Significa que El lo recibe todo y no inicia nada. En Abraham vemos el propósito de Dios, y en Isaac, Su poder. En Abraham vemos la norma que Dios requiere de Su pueblo, y en Isaac, la vida que capacita al pueblo de Dios para alcanzar esa norma. Muchos cristianos tienen un problema básico: sólo ven el propósito de Dios, mas no la provisión que Dios da. Ven la norma de Dios pero no la vida de Dios; ven las exigencias de Dios, pero no el poder que satisface dichas exigencias. Esta es la razón por la cual debemos examinar tanto a Isaac como a Abraham.

DOS ASPECTOS DE LA VIDA DE ISAAC

Hay dos cosas en la vida de Isaac a las que debemos prestar atención. La primera es su relación con Abraham, y la segunda es su relación con Dios.

La relación de Isaac con Abraham

Génesis 24:36 dice: "Y Sara, mujer de mi amo, dio a luz en su vejez un hijo a mi señor, quien le ha dado a él todo cuanto tiene". Este hijo es Isaac, que significa que nosotros mismos no hacemos nada ni buscamos nada. Isaac disfruta todo lo que recibe de Abraham. Todo proviene del padre, "quien le ha dado a él todo cuanto tiene".

Leamos 25:5 de nuevo: "Y Abraham dio todo cuanto tenía a Isaac". Isaac no adquirió nada por sus propios esfuerzos. Su prosperidad no dependía de él, pues le vino de Dios. La Biblia nos muestra que Isaac se caracteriza por heredar, pues todo lo que tenía se lo legó su padre. El no tuvo que hacer nada. Su padre vino a Canaán, y él nació allí. No tuvo que preocuparse por nada.

La relación de Isaac con Dios

La relación que tuvo Isaac con Abraham se caracterizó por su recepción de todo lo de Abraham. ¿Cuál fue su relación con Dios? Génesis 26:2-3 dice: "Y se le apareció Jehová, y le dijo: No desciendas a Egipto; habita en la tierra que yo te diré. Habita como forastero en esta tierra, y estaré contigo, y te bendeciré; porque a ti y a tu descendencia daré todas estas tierras". Si nos detenemos aquí, pensaríamos que Dios había establecido una relación directa con Isaac y que había hecho un pacto con él. Pero Dios añade explícitamente: "Y confirmaré el juramento que hice a Abraham tu padre". Dios no bendijo a Isaac por causa de él mismo, sino por causa de Abraham. El juramento de Dios había sido hecho al padre de Isaac. Ahora Dios bendecía a Isaac en confirmación de aquel pacto. El versículo 4 dice: "Multiplicaré tu descendencia como las estrellas del cielo, y daré a tu descendencia todas estas tierras; y todas las naciones de la tierra serán benditas en tu simiente". Dios había dicho esto mismo a Abraham (22:17-18). No le dio a Isaac nada nuevo, salvo lo que ya le había dado a Abraham. ¿Cómo podían ser bendecidas todas las naciones de la tierra? Génesis 26:5 dice: "Por cuanto oyó Abraham..." No fue por causa de Isaac sino por causa de Abraham. Dios mismo dice que El es primero el Dios de Abraham, y luego el Dios de Isaac. Génesis 26:24 dice: "Y se le apareció Jehová aquella noche, y le dijo: Yo soy el Dios de Abraham". Esta es la relación entre Dios e Isaac. Y Dios añade: "No temas, porque yo estoy contigo, y te bendeciré, y multiplicaré tu descendencia por amor de Abraham mi

siervo". La palabra de Dios nos muestra claramente que la relación que Dios tenía con Isaac se basaba en la relación que tenía con Abraham. Dios bendijo a Isaac por ser hijo de Abraham.

ISAAC RECIBIO TODO CUANTO TENIA

Podemos ver las características de Isaac en estas dos relaciones. A lo largo de su vida, todo cuanto tenía lo había recibido y simplemente lo disfrutaba. ¿Qué significa conocer al Dios de Isaac? Significa sencillamente conocer al Dios que todo lo provee y de quien todo proviene. Si queremos conocer al Padre, tenemos que conocer al Hijo. Para conocer al Dios de Abraham, tenemos que conocer al Dios de Isaac. No tenemos esperanza si solamente conocemos al Dios de Abraham, pues El habita en luz inaccesible (1 Ti. 6:16). Pero gracias al Señor que El también es el Dios de Isaac. Quiere decir que todo lo que tenía Abraham también era de Isaac, lo cual denota que todo lo recibimos.

Si un cristiano no conoce al Dios de Isaac, no podrá avanzar. Si no conoce lo que significa Isaac, no podrá alcanzar la meta de Dios. En otras palabras, si no sabemos recibir, nunca llegaremos a la meta de Dios. Quienes no conocen a Isaac en su experiencia personal, sólo pueden vivir bajo el Monte Sinaí, pues lo único que poseen es la ley. Cuando Dios exige algo, ellos hacen todo lo posible por *cumplirlo.* Cuando El desea algo, procuran *ofrecerlo.* Isaac no es así. Esta clase de cristianos, a la postre, sólo se lamentarán y dirán: "Yo sé que en mí, esto es, en mi carne, no mora el bien; porque el querer el bien está en mí, pero no el hacerlo" (Ro. 7:18). La persona descrita en Romanos 7 estaba dispuesta a hacer el bien y tenía un gran deseo de ser buena, pero estaba tratando de lograrlo por sus propios medios; no veía que Dios podía librarlo, ni que todo está en Cristo; tampoco veía las riquezas que Dios había preparado en Cristo. No veía la herencia que tenía en Isaac; no comprendía que el secreto de la victoria estaba en recibir; no comprendía que los cristianos actúan como lo hacen en virtud de lo que *son,* no porque expresen la vida cristiana a manera de *imitación.* No veía que Dios hace libre a la persona al darle la ley de vida. Por consiguiente, lo único que podía ejercer era su voluntad.

LA DIFERENCIA ENTRE RECIBIR Y OBTENER

El problema de los hijos de Dios consiste en que ellos se dan cuenta de lo que Dios exige a Abraham, pero no ven la manera de satisfacer dicha exigencia. Después de ver la meta de Dios, piensan que deben tratar de alcanzarla. No comprenden que la vida cristiana, una vida de victoria, de libertad y de santificación, no se puede lograr sino sólo recibir. El principio básico de Isaac es que todo lo recibe. La salvación la realiza el Señor Jesús. Una vez que la recibimos, somos salvos. La salvación no es una carrera en la cual hay que subir la escalera celestial y en la cual no hay seguridad hasta que uno haya luchado tortuosamente y alcanzado el último peldaño. La salvación no se adquiere en el cielo, sino que Dios la envía desde el cielo. Lo mismo es válido en cuanto a la victoria. No necesitamos esforzarnos día tras día por conseguirla. Nosotros no vencemos nuestros pecados ejerciendo una voluntad férrea. Igual que la salvación, también la victoria se recibe. No es necesario hacer nada por nuestra cuenta; lo único que necesitamos hacer es recibirla. Cuando vemos y recibimos, podemos decir: "¡Señor, te agradezco y te alabo porque todo lo he recibido en Cristo!"

En 2 Pedro 1:4 tenemos estas valiosas palabras: "Por medio de las cuales El nos ha concedido preciosas y grandísimas promesas, para que por ellas llegaseis a ser participantes de la naturaleza divina, habiendo escapado de la corrupción que hay en el mundo a causa de la concupiscencia". No sabemos cuántos cristianos hayan notado las palabras "habiendo escapado". ¡Cuán maravillosas son estas palabras! Muchos cristianos dicen: "¡Cómo deseo poder escapar!" Pero Dios dice: "Habiendo escapado". El no nos pide que escapemos, ni tampoco dice que debemos esforzarnos por escapar. La expresión "habiendo escapado" significa que el escape es un hecho. Lo único que tenemos que hacer es recibir. Esto es lo que significa Isaac.

El significado de Isaac es que Dios hace la obra, y nosotros la recibimos. Nosotros no estamos anhelando continuamente, ni esforzándonos ni esperando. Simplemente, nos sentamos y cosechamos el fruto. No tenemos que preocuparnos por nada, pues somos hijos y ya estamos en la debida posición. Puesto que somos hijos, también somos herederos y somos aptos para heredar la posesión de la familia. Puesto que somos Isaac, podemos disfrutar. Todo esto es la gracia de Dios.

LA OBRA Y EL DELEITE

Sin embargo, ¿qué hacen muchos cristianos? Intentan hacer lo que no pueden. Hay cosas que no desean hacer, pero se dan cuenta de que Dios quiere que las hagan; así que, se esfuerzan por hacerlas. Por otro lado, hay cosas que ellos desean hacer, y saben que Dios no quiere que las hagan; por tanto, se esfuerzan por no hacerlas. Son cristianos porque tratan de hacer "obras". Esto es absolutamente erróneo. Esto no es Isaac, porque en ello no hay ningún deleite.

Lo que debemos hacer es obrar movidos por la vida que Dios nos dio en Cristo. Esta vida hace espontáneamente lo que Dios desea y no nos obliga a hacer nada. Al mismo tiempo, esta vida se aleja de las cosas que Dios no quiere que hagamos. Como resultado, se hace innecesario que nos esforcemos por apartarnos de ciertas cosas, pues nos alejamos de ellas espontáneamente. No tenemos que esforzarnos por hacer nada. Esto es Isaac. Dios tiene una provisión, y nosotros debemos estar bajo esta provisión. Esto es Isaac. Cuando Abraham estaba a punto de ofrecer a Isaac, éste hizo una sola pregunta: "¿Dónde está el cordero para el holocausto?" Pero su padre contestó: "Dios se proveerá". Esto es lo que caracteriza a Isaac: él disfruta la provisión de Dios.

TRES EXPERIENCIAS ESPECIFICAS QUE DEBE BUSCAR EL CRISTIANO

¿Cuál es entonces el significado del Dios de Isaac? El Dios de Isaac significa que todas las exigencias, expectativas y normas que El estableció con Abraham las cumple El mismo. En Abraham vemos el propósito de Dios, y en Isaac la operación de Su vida. Las exigencias y normas de Dios se ven en Abraham, mientras que la provisión y los graneros de Dios se encuentran en Isaac.

El Dios de Abraham es el Dios que establece la norma para el vaso, mientras que el Dios de Isaac provee por medio de Su Hijo toda la vida y el poder que uno necesita para llegar a ser dicho vaso y satisfacer la norma. Isaac es el hijo y, como tal, lo hereda todo del padre. El hijo no necesita luchar con su propia fuerza. Nosotros no alcanzaremos la meta de Dios si sólo conocemos al Dios de Abraham, pues para hacerlo, necesitamos conocer al Dios de Isaac. Pero no nos detenemos aquí; también debemos conocer al Dios de Jacob. No es suficiente tener sólo a Abraham, ni tampoco es suficiente incluir a Isaac; Jacob también tiene que estar presente.

Jacob era una persona astuta y sagaz. Sin embargo, conocía a Dios. La obra de Dios en Isaac fue una obra de suministración, mientras que Su obra en Jacob fue una obra de quebrantamiento y disciplina. Estas dos clases de obras son diferentes. Dios siempre abastecía a Isaac, mientras que a Jacob siempre lo despojaba. Isaac recibía gracia continuamente delante del Señor, mientras que Jacob era disciplinado constantemente por El. En otras palabras, en Isaac vemos cómo Dios nos suministra a Cristo mientras que en Jacob vemos cómo el Espíritu Santo nos disciplina. Isaac nos muestra lo que significa disfrutar la vida que vence, mientras que Jacob nos muestra lo que significa el quebrantamiento de la vida natural. Isaac nos muestra las riquezas de la vida de resurrección de Cristo que Dios dio a Sus hijos, mientras que Jacob nos muestra cómo Dios quebranta la vida natural, la vida anímica y la energía carnal hasta que un día la corta de raíz tocando el encaje del muslo. Dios no dejará de obrar en nosotros hasta que nos demos cuenta de que en lo espiritual es inútil actuar basándonos en nuestros planes, nuestra sabiduría y nuestra fuerza. Dios desea enseñarnos una profunda lección: El quiere eliminar nuestro yo. En otras palabras, el Dios de Jacob complementa al Dios de Isaac, y el Dios de Jacob concuerda con el Dios de Isaac. Nuestra vida natural estorba la vida que Dios nos dio y le impide fluir libremente. Es por eso que Dios debe quebrantarla poco a poco. El cristiano debe ser quebrantado por Dios a tal grado que otros vean en él la marca de un golpe mortal.

Desafortunadamente, algunos cristianos han sido disciplinados por el Señor decenas y aun centenares de veces, pero no han recibido el golpe mortal. Solamente un golpe mortal subyuga a Jacob y lo hace cesar de sus maquinaciones, sus planes, su energía y sus actividades. Una vez que cesa la actividad de la vida natural, la vida que Dios nos da es liberada. Si queremos que se perfeccione en nosotros todo lo que poseemos en Cristo, tenemos que asegurarnos de que no haya nada en nosotros que provenga de la vida natural. Debemos detener todo lo natural para que Cristo pueda ser manifestado en nosotros plenamente.

¿Qué clase de experiencias deberíamos buscar los cristianos? Necesitamos una visión delante de Dios como la de Abraham, una vida como la de Isaac, y el quebrantamiento del Espíritu Santo que experimentó Jacob. Estas son las tres experiencias específicas que debemos procurar. No pensemos que una sola de ellas es suficiente. Necesitamos las tres a fin de poder ser valiosos a los ojos de Dios. Necesitamos una visión que perciba lo que Dios anhela, que comprenda que todo viene de Dios y que El es el Padre. Al mismo tiempo, necesitamos conocer la vida de Cristo y comprender que Su gracia es nuestra fuerza. Si vivimos por la carne, no alcanzaremos la meta de Dios, pues es Su obra la que nos hace Su vaso, no la nuestra. Puede darse el caso de que aun después de haber visto la vida de Cristo, sigamos ignorando lo que es nuestra carne. Consecuentemente, se nos hace fácil reemplazar la vida de Cristo con nuestra propia fuerza natural y tomar la gracia del Señor para glorificarnos a nosotros mismos y usarla como nuestra jactancia y orgullo. Por esta razón, necesitamos ser quebrantados así como lo fue Jacob.

Al tener la visión, podemos ver cómo Dios opera. Al tener la vida que vence, podemos alabar a Dios y tener la confianza para vencer. Pero todavía existe otro aspecto: Dios debe quebrantarnos. Si conocemos al Dios de Isaac, podremos decir confiadamente: “Mas a Dios gracias, el cual nos lleva siempre en triunfo en el Cristo” (2 Co. 2:14). “¿Quién nos separará del amor de Cristo?” (Ro. 8:35). Aún así, seguimos necesitando conocer al Dios de Jacob. La manera en que Dios quebrantó a

Jacob nos muestra que todavía es posible que caigamos. Nuestra propia confianza no puede garantizarnos lo contrario. Si el Señor deja de protegernos, podemos debilitarnos y caer en cualquier momento. En Isaac conocemos a Cristo, y en Jacob nos conocemos a nosotros mismos. Debido a que conocemos a Cristo, tenemos confianza, y debido a que nos conocemos a nosotros mismos perdemos la confianza en nosotros mismos. Cuando estos dos se combinan, vivimos plenamente a Cristo.

Algunas personas han visto que Dios es el Padre, que El lo es todo y que todo proviene de El. No obstante, siguen tratando de quebrantarse, reprimirse y restringirse a sí mismas por su propio esfuerzo. Mientras hacen estas cosas, no hay nada en ellos que los sustente con firmeza. Como resultado, pasan por mucho sufrimiento sólo para darse cuenta de que al fin y al cabo no lo logran. Esta no es la senda espiritual. Hay otras personas que han visto que Cristo es la vida. Han recibido a Cristo y con El, la vida vencedora. Pero se les olvida que su vida natural todavía está presente. No se han percatado de que su vida natural debe llegar a su fin como sucedió con sus pecados. Entonces, equivocadamente piensan que lo que pertenece a la vida natural es una manifestación de la vida que vence. Esta tampoco es la senda espiritual. No es suficiente comprender que Cristo es la vida que vence, pues también debemos estar conscientes de la vida natural.

Para poder ser el pueblo de Dios, Su vaso, para mantener Su testimonio y alcanzar Su meta, debemos conocer a Dios como el Dios de Abraham, el Dios de Isaac y el Dios de Jacob. Las tres experiencias son necesarias. No es suficiente tener una ni dos. Llegará el día cuando Dios abrirá nuestros ojos para que veamos lo que El exige, para que veamos que El efectúa Su obra en Cristo y que Cristo es nuestra vida, para que veamos que El necesita tocar nuestra vida natural y quebrantarla. Si vemos estas tres cosas, avanzaremos. Repito que estas tres cosas son experiencias específicas. Así como Dios se reveló a Abraham, a Isaac y a Jacob y llegó a ser Su Dios, de la misma manera es necesario que se revele a nosotros y llegue a ser nuestro Dios. Necesitamos conocer a Dios en estos tres aspectos. Necesitamos saber lo que significa que Dios sea el Dios de Abraham, el Dios de Isaac y el Dios de Jacob. Necesitamos pasar por estas tres experiencias antes de poder avanzar de manera adecuada.

Señor Padre, yo quiero que tú deseo
se cumpla en mí, hasme conocerte
cómo; Habraham, Issac, y Jacob.
Señor necesito conocer éstas 3 experiencias
que estos 3 hombres vivieron contigo,
el papá y su visión, al hijo y sus
beneficios, y al hijo y el quebrantamien
to. Padre en el nombre de tu amado
Jesús te lo pido amén.

CAPITULO OCHO

ISAAC EN EL NUEVO TESTAMENTO: LAS PROVISIONES DE DIOS EN CRISTO

Lectura bíblica: Gá. 3:26-29; 4:6-7, 28, 31; 5:1; Jn. 15:4a; Ro. 6:5-7, 11; Ef. 2:4-6; Gá. 2:20; Fil. 1:21a; 1 Co. 1:30

LA HERENCIA QUE DIOS PREPARO EN CRISTO

Sabemos que una persona es salva por la gracia, no por la ley. Pero esto no significa que la gracia se limite a salvarnos. El libro de Romanos nos dice que el pecador es salvo por la gracia, y el libro de Gálatas nos dice que después de ser salvo por la gracia, uno debe permanecer en la gracia. Romanos nos dice que el cristiano comienza por la gracia, y Gálatas nos dice que el cristiano debe continuar en la gracia. Gálatas 3:3 dice: "¿Habiendo comenzado por el Espíritu, ahora os perfeccionáis por la carne?" Por tanto, el cristiano debe depender de la gracia no sólo al comienzo, sino también continuamente.

Cuando una persona es salva, no necesita hacer nada por su propio esfuerzo; todo lo que tiene que hacer es confiar en la gracia de Dios. Al avanzar en la vida cristiana, la persona aún no necesita hacer nada por su propio esfuerzo, pues de la misma manera, lo único que debe hacer es confiar en la gracia de Dios. Esto es lo que caracteriza a Isaac: continuar en la gracia de Dios. No sólo nuestro comienzo es un asunto de la gracia, sino también nuestro avance. Desde el comienzo hasta el fin, todo es cuestión de recibir. En el Nuevo Testamento, nuestro Isaac es Cristo, el Hijo unigénito de Dios. El se hizo nuestro Isaac a fin de que disfrutemos de Su herencia en El.

Dos aspectos de la gracia

La Biblia nos muestra que la herencia que Dios nos dio

en Cristo consta de dos aspectos. Por una parte, nosotros estamos en Cristo, y por otra, El está en nosotros. En otras palabras, nuestra unión con Cristo tiene dos aspectos, cuya secuencia no podemos confundir. Primero nosotros somos puestos en Cristo, y luego Cristo es puesto en nosotros. Es por esto que la palabra del Señor dice: "Permaneced en Mí, y Yo en vosotros ... el que permanece en Mí, y Yo en él..." (Jn. 15:4-5).

Nuestra permanencia en Cristo se relaciona con los logros que se encuentran en El, mientras que la permanencia de Cristo en nosotros tiene que ver con Su vida. En otras palabras, el hecho de que nosotros estemos en Cristo se relaciona con Su obra, y el hecho de que El esté en nosotros se relaciona con Su vida. Cuando nosotros estamos en Cristo, todos los hechos cumplidos en El se cumplen en nosotros; todo lo que El logró llega a ser nuestro; recibimos todo lo que El obtuvo; y las obras que El realizó pasan a nosotros. Cuando Cristo está en nosotros; todo lo que El realizó llega a ser nuestro; recibimos todo lo que El es hoy; y todo lo que El es y puede hacer en la actualidad llega a ser nuestro.

Debemos comprender que todas las provisiones de Dios en Cristo son nuestra herencia. Si queremos entender la extensión de la herencia de Dios para nosotros y del disfrute de nuestra herencia, necesitamos ver que estamos en Cristo y que Cristo está en nosotros. Todo aquel que quiera conocer al Señor debe conocerlo en estos dos aspectos. Si sólo sabemos que nosotros estamos en Cristo, y no sabemos que El está en nosotros, seremos débiles y estaremos vacíos, todo será teórico y caeremos continuamente. Si sólo sabemos que Cristo está en nosotros, y no sabemos que nosotros estamos en El, sufriremos demasiado y descubriremos que no tenemos los medios para lograr lo que deseamos. No importa cuánto nos esforcemos, las imperfecciones permanecerán en nosotros. Debemos comprender que la herencia que Dios tiene para nosotros en Cristo contiene estos dos aspectos. Por una parte, nosotros estamos en Cristo, y por otra, El está en nosotros. Estos dos aspectos de nuestra herencia nos proporcionan un rico disfrute en el Señor. Todo relacionado con la vida y la piedad, con la santidad y la justicia, y todo lo que pertenece a esta era y a la venidera está incluido en estas dos expresiones: "nosotros en Cristo" y "Cristo en nosotros". Ambos aspectos de la gracia constituyen el deleite del cristiano. Si disfrutamos estos aspectos de la gracia, no necesitaremos hacer ningún esfuerzo, pues estos dos aspectos nos librarán de nuestras propias obras; nos mostrarán que todo proviene de Dios y nada de nosotros.

Nosotros éramos pecadores, y para seguir adelante, era necesario tener un nuevo comienzo y una nueva posición. Nos encontrábamos hundidos en el fango. Si dependiera de nosotros, nos quedaríamos en el fango para siempre. A fin de darnos una nueva posición, Dios nos sacó del lodo y nos puso en tierra sólida. En esta nueva posición, también tenemos un nuevo comienzo, y podemos avanzar. Necesitamos ser librados del pecado y del fango, y necesitamos una nueva posición. ¿Qué clase de posición es ésta? Es estar de pie delante de Dios. ¿Cómo podemos ser librados del lodo, y tomar esta nueva posición? ¿Cómo podemos acercarnos a Dios? Tenemos la vida adámica en nosotros, y somos impíos. No nos convertimos en impíos por haber hecho algo malo, sino nacimos impíos. Nuestra conducta es errónea porque heredamos una vida errónea. Cuando llegamos a ser cristianos, sólo entendíamos que nuestra conducta era errónea. Después de un largo tiempo, la cruz actuó en nosotros, y bajo esta obra, vimos que no sólo nuestra conducta era errónea, sino que también nuestra persona era errónea. No sólo nuestra conducta estaba mal, sino que también la vida adámica que estaba en nosotros era errónea. Nuestra vida es errónea; por lo tanto, nuestra conducta también lo es. Esto es lo que nos dice el libro de Romanos. Los primeros tres capítulos nos muestran que nuestra conducta es errónea, y los capítulos del cinco al ocho nos muestran que nuestra persona esta mal. ¿Qué vamos a hacer entonces? La Palabra de Dios dice que debemos morir. Dios requiere que el hombre sea lavado de sus pecados y que el pecador muera "porque el que ha muerto, ha sido justificado del pecado" (6:7). En consecuencia, lo único que se puede hacer con el pecador es darle muerte. Pero esto no es todo. Además de la muerte, necesitamos una vida nueva. Cuando morimos, todo se acaba. Si queremos tener un nuevo comienzo delante de Dios, necesitamos una vida nueva. Así que, después de morir, tenemos que resucitar. Tampoco nos detenemos ahí. No basta con tener un nuevo comienzo ni con resucitar. Necesitamos, además, una nueva posición. Es por eso que Dios nos traslada a una nueva posición en el cielo para que podamos vivir delante de El. Desde entonces, no tenemos nada que ver con la antigua posición. En términos sencillos, como pecadores necesitamos intensamente tres cosas: morir, resucitar y ascender. Al morir, resucitar y ascender, todo lo que tenemos en Adán llega a su fin y sólo entonces podemos tener un nuevo comienzo.

Nosotros en Cristo

¿Cómo podemos morir, resucitar y ascender? Esta es una pregunta importante que plantea un gran problema. Nosotros no podemos morir, resucitar ni ascender. Pero alabado sea el Señor porque El puede hacer que esto suceda. El nos unió a Cristo. Debemos, por tanto, agradecer y alabar al Señor. "Mas por El estáis vosotros en Cristo Jesús" (1 Co. 1:30). Dios nos unió a Cristo Jesús. Debemos recordar este versículo: "Mas por El estáis vosotros en Cristo Jesús". Esto significa que fue Dios quien nos puso en Cristo. Cuando Dios nos pone en Cristo Jesús, las experiencias de Cristo llegan a ser nuestras. Esto es semejante a poner una fotografía en un álbum. Si alguien toma el álbum y lo quema, la fotografía también se quema. Del mismo modo, Dios nos puso en Cristo, y cuando éste murió, nosotros también morimos; cuando resucitó, también nosotros resucitamos, y cuando ascendió, nosotros ascendimos juntamente con El. Morir, resucitar y ascender con Cristo no es algo que nosotros hayamos hecho, sino algo que Dios realizó en Cristo. Dios llevó a Cristo a la cruz, lo resucitó y lo llevó a los cielos. Damos gracias al Señor porque al ponernos en Cristo, nos hizo partícipes de las experiencias de Cristo. Puesto que Cristo murió, resucitó y ascendió, también nosotros morimos, resucitamos y ascendimos. Si nos consideramos separados de Cristo, no hemos muerto, ni resucitado ni ascendido, pero si vemos que estamos en Cristo, diremos: "¡Aleluya! ¡He muerto, he resucitado y he ascendido!" Si nos vemos a nosotros mismos en Cristo y creemos en lo que dice 1 Corintios 1:30, diremos espontáneamente: "¡Te doy gracias, Señor, y te alabo! ¡Ya morí, resucité y ascendí! Puesto que estoy en Cristo, todas Sus experiencias han llegado a ser mías". Este es el primer aspecto de la herencia que Dios nos dio en Cristo.

Un hermano testificó en cierta ocasión: "Hace más de diez años tuve la siquiente experiencia: pese a que conocía la doctrina de la cruz y podía predicar al respecto, no podía admitir que no había experimentado la cruz en absoluto. De todos modos, me daba cuenta de que tenía un problema delante del Señor. Había muchas cosas en mí de las cuales yo no podía decir que les hubiese dado fin. No tenía la certeza de haber muerto a ellas. Conocía el lado doctrinario de la resurrección y la ascensión, pero no las había experimentado. Por un período de cuatro meses, busqué al Señor y le pedía que me mostrara lo que significaba morir con Cristo. Le pedí a Dios que me ayudara a morir con El a toda costa. Durante esos cuatro meses, el Señor me dio una pequeña luz, y descubrí que la Palabra de Dios no dice que yo debo ser crucificado, sino que yo *ya estoy* crucificado. Sin embargo, no podía creerlo. Cuando me miraba a mí mismo, no veía que estuviera crucificado. Sólo podía decirlo si no era sincero conmigo mismo. Siendo franco, no podía decir que estaba crucificado. Pasé cuatro meses estudiando la Biblia, esperando encontrar solución a mi problema. Una mañana mientras oraba, de repente tuve la revelación de que yo estaba en Cristo y que Cristo y yo estábamos unidos; los dos éramos uno. Comprendí que era imposible no morir si Cristo ya había muerto. Esto fue algo que aconteció en menos de un minuto. Me pregunté: "¿Acaso no murió Cristo?" Lo único que podía decir era que sí. Estaría loco si dijera que Cristo no había muerto. En seguida me pregunte: "¿Qué de mi caso?" Inmediatamente salté y clamé: "¡Aleluya! ¡También yo estoy muerto!" Vi que puesto que Cristo había muerto, yo también había muerto. Mi problema estaba resuelto. Yo soy uno con el Señor. Todo lo que Dios hizo en El, lo hizo en mí. Cuando El murió, yo morí; cuando El resucitó, yo resucité; cuando El ascendió, yo ascendí. Desde ese día, no puedo negar el hecho. Esto llegó a ser mi herencia". Hermanos y hermanas, este hermano estaba hablando de la herencia que Dios nos dio en Cristo. Debemos aceptar esta herencia.

Estar en Cristo es una herencia. Lo único que tenemos que hacer es recibirla y disfrutarla. No es necesario hacer nada. Sin embargo, muchos cristianos pasan por muchos sufrimientos. No ven que esto se trata de una herencia y que es algo que uno recibe y disfruta. Continúan reprimiéndose y luchando por encontrar su propia manera de vencer. No obstante, a pesar de su continuo esfuerzo, descubren que todavía no han muerto y que sus esperanzas todavía no se cumplen. En realidad, el yo que no podemos cambiar y el hombre viejo del cual hemos intentado despojarnos ya fueron crucificados por el Señor. Debido a que estamos en Cristo, estamos crucificados con El. ¿Será posible alcanzar esta experiencia por nosotros mismos, o será que Dios ya nos la dio en Cristo? Este es el problema que confrontan muchos cristianos. Piensan que la crucifixión es una experiencia que ellos tienen que alcanzar, pero según la Palabra del Señor, ése no es el caso. Dios lo logró todo en Cristo. Lo único que debemos hacer es recibir.

Por supuesto, todo depende de cuánto haya visto uno. Algunos han tomado la crucifixión como una doctrina o una enseñanza. Esto es infructuoso. Necesitamos tener la revelación interna de que estamos en Cristo, a fin de poder disfrutar el hecho de que estamos crucificados con Cristo.

Dios lo hizo todo en Cristo. Cuando estamos en Cristo, todo lo que se cumplió en El, se cumplió en nosotros. Es por esto que 1 Corintios 1:30 es tan valioso, pues dice: "Mas por El estáis vosotros en Cristo Jesús". ¡Aleluya! ¡Dios nos ha puesto en Cristo! Damos gracias al Señor porque no sólo nos dio a Cristo y Su poder, sino que nos concedió experimentar a Cristo. No sólo participamos de la naturaleza divina, sino también de la naturaleza del Hijo de Dios y compartimos Su experiencia. Por supuesto, nos referimos a experimentar Su muerte, resurrección y ascensión, no a las experiencias que vivió antes de Su muerte. En aquel entonces El, como el grano de trigo, seguía siendo un solo grano, pero después de morir, todo lo del Hijo de Dios llegó a ser nuestro.

Cristo en nosotros

El asunto no termina ahí. Cuando estamos en Cristo, nuestro pasado llega a su fin, y somos introducidos en un presente en el cual Dios nos da otra parte de la herencia que tenemos en Cristo. Esta herencia es "Cristo en nosotros". ¿Cuál es el propósito por el cual Cristo está en nosotros? El hecho de que Cristo esté en nosotros redunda en beneficio presente y futuro. Cristo está en nosotros con el propósito de llegar a ser nuestra vida hoy.

Muchas veces preguntamos: "¿Cómo podemos vencer, ser justos y ser santos?" Debemos notar cuidadosamente que Dios no nos dio a Cristo para que fuera nuestro modelo, ni nuestro poder. Dios nos lo dio con un solo fin: "Con Cristo estoy juntamente crucificado, y ya no vivo yo, mas vive Cristo en mí; y la vida que ahora vivo en la carne, la vivo por fe, la fe en el Hijo de Dios, el cual me amó y se entregó a Sí mismo por mí" (Gá. 2:20).

El medio, no la meta

Muchas personas son inducidas a pensar que Dios estableció Gálatas 2:20 como nuestra meta. Tienen la esperanza de que un día, después de haber sido cristianos por cinco o diez años, podrán decir que están crucificados con Cristo y que ya no viven ellos, sino que es Cristo el que vive en su interior. Piensan que ésa es la meta suprema por la cual deben luchar. Muchas personas piensan que deben seguir adelante, hasta que un día lleguen a esa meta. Eso será maravilloso. Pero ese versículo no nos dice que ésa sea la meta de Dios que debamos alcanzar, sino que es el medio que El usa, pero es algo que ya se logró. Este versículo nos muestra el significado de la vida cristiana, y cómo el cristiano debe expresarla y satisfacer a Dios. Damos gracias al Señor porque estamos crucificados en Cristo. No necesitamos buscar la manera de vivir en unión con El. Cristo es el que vive en nosotros como nuestra vida. Si queremos expresar la vida cristiana en nuestro vivir y satisfacer a Dios, la manera de hacerlo es no vivir nosotros, sino permitir que Cristo viva en nosotros. En otras palabras, el Señor Jesús vive en nosotros y por nosotros. Es por esto que podemos decir que ya no vivimos nosotros, sino que Cristo vive en nosotros.

Una ley

Pablo dijo: "Porque para mí el vivir es Cristo" (Fil. 1:21). Esto no significa que Pablo después de ser cristiano por muchos años llegaría a cierta etapa en la cual podría decir: "Porque para mí el vivir es Cristo". Lo que nos dice es que así había vivido siempre. ¿Qué es la vida cristiana? La vida cristiana es simplemente Cristo. ¿Qué significa que Cristo viva en nosotros? Significa que El es nuestra vida y que El vive por nosotros. Nosotros no vivimos por el poder de Cristo, sino que es Cristo mismo quien vive en nosotros y por nosotros. Esta es la herencia que podemos disfrutar. Dios nos dio a Cristo para que sea nuestra vida. La vida cristiana es una vida en la cual no se necesita el esfuerzo propio, porque dicha vida es una ley. Dios nos dio a Cristo para que sea nuestra vida. Esta vida es una ley, y es espontánea. No hay necesidad de hacer nada. La ley del Espíritu de vida está en nosotros (Ro. 8:2). No necesitamos tomar ninguna decisión. Cuando esta ley opera, espontáneamente hace las cosas por nosotros. Necesitamos comprender que esta vida es una ley. De no ser así, tendríamos que valernos de nuestros propios esfuerzos. Pero puesto que es una ley, no se necesitan ni los esfuerzos ni las obras de uno. Si soltamos un objeto, espontáneamente cae al piso. La fuerza de la gravedad es una ley que producirá ciertos resultados automáticamente. Agradecemos y alabamos al Señor porque la vida cristiana es una ley y no tenemos que tratar de lograrla. Damos gracias al Señor porque dicha ley opera de manera espontánea. Dios puso a Cristo en nosotros y nos lo dio como herencia. El obra espontáneamente en nosotros. Lo único que tenemos que hacer es recibir, como lo hizo Isaac.

Una persona

Leamos de nuevo 1 Corintios 1:30: "Mas por El estáis vosotros en Cristo Jesús". La segunda parte dice: "El cual nos ha sido hecho de parte de Dios sabiduría: justicia y santificación y redención". Dios hizo a Cristo nuestra justicia, nuestra santificación y nuestra redención. La justicia era una cosa, pero la justicia que Dios nos da es una persona, la cual es el Señor Jesús y está dentro de nosotros como nuestra justicia; la santificación era considerada una etapa, pero la santificación que Dios nos da es la persona del Señor Jesús, quien está en nosotros como santificación; la redención era una esperanza, pero la redención que Dios nos da es una persona, el Cristo que está en nosotros como nuestra esperanza de gloria.

Cristo mismo

La vida diaria del cristiano consiste en recibir y disfrutar a Cristo. Por una parte, estamos en Cristo y comprendemos que todo lo que El logró nos pertenece; por otra, mientras vivimos en este mundo día tras día, El llega a ser todo lo que necesitamos. Cristo es todas las virtudes. Nuestra santificación, justicia, paciencia, humildad, mansedumbre y bondad son simplemente Cristo. El [verdadero] gozo y la [verdadera] mansedumbre no es estar feliz ni aparentar debilidad ante otros, respectivamente, sino que son el Cristo que vive en nosotros y se expresa como mansedumbre. Nuestro gozo, nuestra mansedumbre, etc., son Cristo mismo, son expresiones de El mismo.

Esto es lo que hace que la fe cristiana sea tan especial. Tenemos una vida en nosotros, la cual es simplemente Cristo. No es necesario que usemos nuestra propia energía. Esta vida espontáneamente se expresará como mansedumbre, bondad, humildad y paciencia. Cristo en nosotros llega a ser nuestra mansedumbre, nuestra bondad, nuestra humildad y nuestra paciencia. Tal vez creamos que la mansedumbre, la bondad, la humildad y la paciencia son virtudes que poseemos, pero la Palabra de Dios nos muestra que Cristo mismo es todas ellas. Dios puso a Su Hijo en nosotros a fin de que El se exprese espontáneamente en nuestra vida en toda circunstancia. Cuando seamos tentados por el afán, esta vida se manifestará como paciencia; cuando seamos tentados por el orgullo, se manifestará como humildad; cuando seamos tentados por la obstinación, se manifestará como mansedumbre; cuando seamos tentados por la impureza, se manifestará como santidad. Cristo expresará Su paciencia, Su humildad, Su mansedumbre y Su santidad en nuestro interior. Cristo llega a ser nuestra paciencia, humildad y santidad. No depende de lo que hagamos, sino de que Cristo viva. No necesitamos procurar ser humildes por el poder del Señor, pues Cristo es nuestra humildad. No necesitamos tratar de ser santos por el poder del Señor, ya que Cristo es nuestra santidad. No necesitamos cumplir la meta de Dios al vivir por nosotros mismos ni aun por el poder del Señor. La manifestación espontánea de Cristo cumplirá la meta de Dios. Cuando el Señor se expresa por medio de nosotros, espontáneamente llegamos a ser lo que somos. Esta es la fe cristiana.

EL DIOS DE ISAAC Y EL DIOS DE JACOB

Necesitamos conocer al Dios de Abraham. Es decir, si queremos avanzar, necesitamos entregarnos al Dios Omnipotente y permitirle que, a su debido tiempo, se nos revele como el Padre. Tenemos que comprender que nada que proceda de nosotros puede satisfacer Su corazón y que todo tiene que provenir de El, porque sólo Dios es el Padre. También necesitamos conocer al Dios de Isaac. Necesitamos reconocer que es Cristo quien todo lo logró y lo seguirá logrando. Lo que se cumplió en El se cumple en nosotros, Su vida es nuestra, y también lo son Sus experiencias y Su poder. Estar en Cristo es una cosa, pero que Cristo esté en nosotros es otra. Ninguno de estos aspectos requiere nuestro esfuerzo. Un día el Señor abrirá nuestros ojos y veremos que todas las cosas son de Cristo, que todo proviene de Dios y que Cristo lo ha logrado todo. Dios es el origen, y Cristo es quien todo lo lleva a cabo.

Después de conocer al Dios de Isaac, necesitamos conocer al Dios de Jacob. ¿Cuál es la diferencia de significado espiritual entre el Dios de Isaac y el Dios de Jacob? Podemos decir que el Dios de Isaac nos muestra que Dios nos impartió a Su Hijo, mientras que el Dios de Jacob presenta la forma en que Dios nos disciplina por medio del Espíritu Santo. El Dios de Isaac nos muestra el don de Dios, y el Dios de Jacob, su obra. El Dios de Isaac nos da el denuedo de testificar: "¡Dios me ha dado una luz nueva y me ha mostrado que

Cristo es mi vida! ¡Ya he vencido!" El Dios de Jacob nos hace confesar humildemente: "Dios me ha dejado ver lo que es el yo, y nunca más podré confiar en mí mismo ni jactarme de mi utilidad". El Dios de Isaac nos hace que proclamemos confiadamente: "¡El pecado está bajo mis pies!" El Dios de Jacob nos hace confesar con temor: "Puedo caer en cualquier momento". El Dios de Isaac nos muestra a Cristo, mientras que el Dios de Jacob, a nosotros mismos. El conocimiento del Dios de Isaac nos da la confianza de saber que es Cristo quien lo hace todo, no nosotros. Conocer al Dios de Jacob hace que nos conozcamos a nosotros mismos y nos libra de cualquier jactancia. Si estudiamos la Palabra de Dios cuidadosamente, veremos estas dos clases de experiencias.

Podemos decir que el Dios de Jacob complementa la obra del Dios de Isaac. El Dios de Jacob obra en nosotros para abrir el camino al Dios de Isaac a fin de que Cristo se extienda más y más en nuestro interior. Esta misma obra es la que nos hace estar "con debilidad, y temor y mucho temblor" (1 Co. 2:3). Nuestra vida es una paradoja. Tenemos mucha confianza en Cristo, y al mismo tiempo, no tenemos confianza alguna en nosotros mismos. Por una parte, damos testimonio y hablamos confiadamente, pero por otra, tememos abrir la boca y nos sentimos como polvo delante de Dios. Sin la sangre del Señor, no podemos estar delante de Dios. Después de conocer al Dios de Isaac, necesitamos avanzar y conocer al Dios de Jacob. La combinación de estas dos experiencias constituyen la verdadera vida cristiana.

Capitulo nueve

LA NATURALEZA DE JACOB Y LA DISCIPLINA QUE RECIBIO

Lectura bíblica: Gn. 25:19-34; 27—30

Todo el que lee la Palabra de Dios cuidadosamente notará la gran diferencia que existe entre la historia de Isaac y la de Jacob. La historia de Isaac fue bastante monótona y tranquila, mientras que la de Jacob está llena de pruebas y problemas. La senda de Isaac es llana, mientras que la de Jacob es áspera. Todo lo que ocurrió a Isaac fue bueno. Aun cuando se enfrentaba a alguna oposición, ésta era vencida fácilmente. Pero casi todas las experiencias de Jacob fueron dolorosas.

Dios es el Dios de Abraham, el Dios de Isaac y el Dios de Jacob. Por consiguiente, no podemos separar estas tres historias. En el campo espiritual, las historias de los tres revelan tres aspectos de la experiencia de una sola persona. Dios obra en el hombre a partir de estos tres ángulos. No piensen que algunas personas son exactamente como Jacob y que otras como Isaac. Damos gracias al Señor porque somos como Isaac y al mismo tiempo como Jacob. Por una parte, lo disfrutamos todo en el Señor; todo está en paz, es rico y victorioso, y podemos darle gracias a El y alabarle continuamente. Por otra parte, el Espíritu Santo obra constantemente en nosotros y nos disciplina debido a la presencia de la vida natural. La Palabra de Dios dice: "Porque ¿qué hijo es aquel a quien el padre no disciplina?" (He. 12:7). Puesto que somos hijos, nuestro Padre no sólo nos recibe sino que también nos disciplina. En el caso de Isaac vemos que Dios nos recibe como hijos por Su gracia, mientras que en el de Jacob, nos disciplina como hijos Suyos. Por una parte, Dios nos muestra que nuestra vida es como la de Isaac, una vida plena y agradable, y que todo lo Suyo llega a ser nuestro. Todo lo que Abraham tenía le pertenecía a Isaac. Todo lo que nuestro Padre tiene es nuestro. Por otra parte, nos lleva a participar de Su santidad a fin de que Cristo sea formado en nosotros y de que el Espíritu Santo lleve fruto en nosotros.

Al leer la historia de Jacob, nos es muy fácil mantenernos distantes y juzgar que él no era apto para ser un instrumento de Dios y que era digno de condenación; especialmente si nunca hemos sido disciplinados por el Señor y desconocemos nuestra carne. La historia de Abraham nos parece interesante, y la de Jacob trivial. Pero si Dios nos ilumina, y comprendemos lo que es la vida natural y la energía de la carne, espontáneamente veremos que el elemento de Jacob está presente en nosotros. Entenderemos que tenemos más de una de las características de Jacob. Al leer acerca de la vejez de Jacob, descubrimos que los diecisiete años que pasó en Egipto fueron los años que más disfrutó. Cuando leemos sobre lo que él hizo, sus actitudes y sus logros, no podemos hacer otra cosa que inclinar nuestro rostro y decir: "Dios, sólo Tu gracia puede hacer que un hombre como Jacob llegue a tal estado". Al final de la historia de Jacob, no podemos más que exclamar con lágrimas: "¡Dios, Tu gracia ha convertido a una persona desahuciada en un vaso útil!"

Examinemos cómo Dios obró en Jacob, lo disciplinó, quebrantó su vida natural y lo debilitó, cómo hizo que Cristo se formara en él por medio de la obra constitutiva efectuada por el Espíritu Santo y cómo produjo el fruto del Espíritu Santo.

¿Qué son la disciplina y la obra constitutiva del Espíritu Santo? Son una sola obra; no son dos obras separadas. Nosotros somos constituidos por la disciplina del Espíritu Santo. Somos amoldados por obra del Espíritu Santo. Mientras nuestra vida natural es disciplinada, la naturaleza de Cristo se forja en nosotros. Mientras Dios disciplinaba a Jacob, éste comenzaba a expresar la paz. El fruto de la paz se produce mientras uno se encuentra en medio de la disciplina, no después. Mientras Dios quebrantaba la vida natural de Jacob, se producía dicho fruto. Esto constituye el principio por el cual Dios se manifestó en Jacob. Por un lado, debemos observar la manera en que Dios obró en él y lo debilitó; por otro, debemos notar la manera en que Dios, por medio del Espíritu Santo, forjó la naturaleza de Cristo en él. Esta obra hace que la naturaleza de Cristo llegue a ser su propia naturaleza.

La historia de la manera en que Dios obró providencialmente en la vida de Jacob se puede dividir en cuatro secciones. La primera sección describe la naturaleza de Jacob (Gn. 25—27). Esta sección va desde su nacimiento hasta el momento en que recibió la bendición de su padre, después de haberlo engañado, y nos presenta la clase de persona que era Jacob. La segunda sección describe la disciplina que experimentó Jacob (Gn. 28—30). Comienza cuando él abandonó su hogar y concluye cuando llega a Padan-aram. Durante este período sufrió pruebas y quebrantos. La tercera sección describe el desmoronamiento de la vida natural de Jacob (Gn. 31—35). Esta sección comienza cuando él se va de la casa de su suegro, en Padan-aram, pasa por Peniel, Siquem y Bet-el, hasta que llega a Hebrón. Durante este tiempo, Dios quebrantó la vida natural de Jacob. La cuarta sección describe el período de madurez de Jacob, su vejez (Gn. 37—49). Esta sección comprende desde que su hijo José es vendido hasta su muerte.

LA NATURALEZA DE JACOB

Comencemos con la primera sección de la historia de Jacob. ¿Cuál era la naturaleza de Jacob? ¿Qué clase de persona era él? Podemos aprender acerca del carácter de Jacob en Génesis 25—27.

Lucha en el vientre de su madre

¿Cómo fue el nacimiento de Jacob? “Y los hijos luchaban dentro de ella” (Gn. 25:22). Ese era Jacob, y así era su carácter. La Palabra de Dios nos muestra que Jacob era totalmente diferente a Isaac. Isaac era un hombre común. Recibió todo en forma disfrutable; todo lo heredó. Pero Jacob era inicuo y astuto; era calculador y audaz, y capaz de hacer cualquier cosa. Poseía tanto la sagacidad como la destreza. Pero Dios pudo hacer de Jacob un vaso con el cual podía cumplir Su meta. Isaac nos muestra cómo uno puede disfrutar la gracia de Dios, mientras que Jacob nos muestra cómo uno sufre bajo la obra de Dios.

En la palabra de Dios vemos que Jacob no sólo estaba equivocado en las cosas que hacía, sino que su misma persona estaba arrada. No sólo deshonró el nombre de Dios con sus acciones, sino también con su misma persona. El fue un problema desde el vientre de su madre, antes de que sus ojos vieran el primer destello de la luz. Su maldad comenzó desde que estaba en el vientre de su madre. Rebeca oró y le pidió a Dios que le dijera qué estaba aconteciendo dentro de su vientre, y Dios le respondió: "Dos naciones hay en tu seno, y dos pueblos serán divididos desde tus entrañas; El un pueblo será más fuerte que el otro pueblo; y el mayor servirá al menor" (v. 23). Al dar a luz Rebeca, tuvo gemelos. El primero en salir fue Esaú, y su hermano le siguió, con su mano trabada al calcañar del primero. Por eso le dieron el nombre Jacob, que significa suplantador. Jacob no quería que Esaú se engrandeciera; hubiera deseado que Esaú esperase un poco. Esta es la razón por la cual al nacer estaba asido al calcañar de Esaú. Así fue Jacob desde el comienzo.

A los ojos del hombre, Esaú era un hombre honesto, y estaba mal que Jacob tratara de suplantarlo. ¿Qué utilidad podría tener un hombre así? Este es Jacob visto desde el punto de vista natural. Pero en Romanos 9 vemos que la diferencia crítica entre Esaú y Jacob radicaba en la elección de Dios. Dios dijo: "A Jacob amé, mas a Esaú aborrecí" (v. 13). Dios había escogido a Jacob como Su vaso.

Por lo tanto, debemos aprender a confiar en la elección de Dios. Debemos creer que Dios puede hacer que lleguemos a la perfección. Dios nunca deja las cosas a la mitad, pues El es el Alfa y la Omega; es el principio y el fin. Puesto que El nos escogió e inició Su obra, El mismo la completará. Como El nos escogió, tenemos que aprender a confiarnos en Sus manos. En el momento oportuno, El nos conducirá a la perfección. Tal fue el caso de Jacob. Fue Dios quien escogió a Jacob.

Muchos hermanos y hermanas han dicho: "¡Yo soy un caso difícil!" Los que dicen esto necesitan al Dios de Jacob. Es posible que seamos casos difíciles, pero si Dios pudo disciplinar a Jacob, podrá disciplinarnos a nosotros. Además, debemos comprender que Jacob no buscó a Dios, sino que Dios lo buscó a él. Mientras Jacob todavía estaba en el vientre de su madre, Dios lo eligió. Por tanto, si estamos conscientes de la elección de Dios, podemos reposar en Su seno; podemos entregarnos a El y confiar que nos llevará al punto en que le podremos complacer.

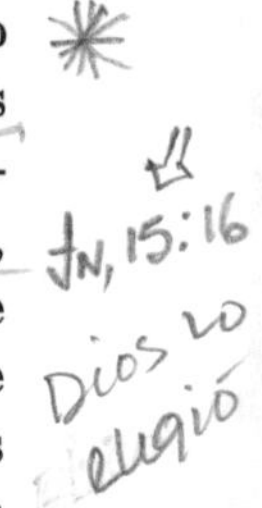

Obtiene la primogenitura a cambio de un plato de lentejas

Un día volvía Esaú de cazar en el campo y estaba exhausto. Le dijo a Jacob: "Te ruego que me des a comer de ese guiso rojo". Le respondió Jacob: "Véndeme en este día tu primogenitura". En ese momento Esaú estaba agotado y contestó descuidadamente: "He aquí yo me voy a morir; ¿para qué, pues, me servirá la primogenitura?" Como resultado, Esaú le vendió su primogenitura a Jacob (Gn. 25:29-34). Aunque este incidente revela la astucia de Jacob, muestra que valoraba la primogenitura, lo cual muestra que valoraba la promesa de Dios. Esto era un buen indicio, pero no fue correcto que adquiriera la primogenitura valiéndose de un engaño. Esto muestra que Jacob era una persona que hacía uso de su propia fuerza para obtener lo que Dios quería darle.

Obtiene con engaño la bendición de su padre

Jacob planeó junto con su madre engañar a su padre. Su padre le dijo a Esaú: "Toma, pues, ahora tus armas, tu aljaba y tu arco, y sal al campo y tráeme caza; y hazme un guisado como a mí me gusta, y tráemelo, y comeré, para que yo te bendiga antes que muera" (27:3-4). Pero Jacob, instruido por su madre, se aprovechó de la vejez y de la pobre vista de su padre. Se vistió con la ropa de Esaú, tomó pieles de cabritos, hizo viandas deliciosas, y con eso engañó a su padre; como resultado, recibió la bendición (vs. 6-29). Una vez más se ve la astucia y la iniquidad del carácter de Jacob. Alguien podría decir: "Si Esaú hubiera recibido esta bendición, el mayor no habría servido al menor y habría quedado en entredicho la promesa de Dios. La promesa de Dios consistía en bendecir a Jacob. Al hacer esto Jacob, se cumplió la promesa de Dios. ¿Acaso no estuvo bien esto?" Debemos entender que la promesa de Dios no necesita la mano del hombre para cumplirse. ¿Puede acaso ser sacudido el trono de Dios, de manera que sea necesaria la mano del hombre para sostenerlo y estabilizarlo? Estos son simplemente conjeturas humanas.

Jacob era un suplantador desde el vientre de su madre. Cuando era joven, engañó a su hermano. Luego engañó a su padre con artimañas. Estos incidentes revelan la naturaleza de Jacob. El era muy astuto y sagaz. Tal era el carácter de Jacob, tal era su vida natural.

LA DISCIPLINA QUE EXPERIMENTA JACOB

Dios tuvo que disciplinar a Jacob. Después de que obtuvo con engaño su bendición, no pudo permanecer en casa. Sabía que su hermano lo mataría, y no tenía más remedio que escapar. Tuvo que huir de su casa como un desterrado.

Lejos de su casa

Jacob despojó a su hermano de la bendición valiéndose de engaños. Sin embargo, recibió la disciplina de Dios. Sus actividades carnales requirieron la disciplina. Dios disciplina más a aquellos que son astutos, hábiles, sagaces y talentosos. Debemos darle gracias al Señor porque mediante el quebrantamiento, Jacob recibió la bendición. Desde entonces, Dios continuó disciplinándolo para poder bendecirlo. Se vio obligado a salir de la casa de su padre. Tuvo que separarse de sus padres y emprendió un viaje solitario a Padan-aram.

Acampa en Bet-el

Génesis 28:10-11 dice: "Salió, pues, Jacob de Beerseba, y fue a Harán. Y llegó a un cierto lugar, y durmió allí, porque ya el sol se había puesto; y tomó de las piedras de aquel paraje y puso a su cabecera, y se acostó en aquel lugar". El acampó en el desierto, donde tuvo por almohada una piedra. Su vida de disciplina había comenzado. Los versículos 12-14 dicen: "Y soñó: y he aquí una escalera que estaba apoyada en tierra, y su extremo tocaba en el cielo; y he aquí ángeles de Dios que subían y descendían por ella. Y he aquí, Jehová estaba en lo alto de ella, el cual dijo: Yo soy Jehová, el Dios de Abraham tu padre, y el Dios de Isaac; la tierra en que estás acostado te la daré a ti y a tu descendencia. Será tu descendencia como el polvo de la tierra, y te extenderás al occidente, al oriente, al norte y al sur; y todas las familias de la tierra serán benditas en ti y en tu simiente". Dios le da ahora a Jacob las promesas que le había dado a Abraham. ¿Cuándo le dio Dios estas promesas a Jacob? Mientras todavía seguía suplantando y antes de que su vida carnal y natural fuera quebrantada. Dios podía decirle estas palabras debido a que estaba seguro. Sabía que Jacob no podía huir de Su mano. Un día Dios acabaría Su obra, y haría de él un vaso útil para Su plan eterno. Nuestro Dios es un Dios de confianza; El puede lograr Su meta. Si ésta fuera obra del hombre, se habría preocupado, pues Jacob era una persona en la que no se podía confiar. ¿Qué pasaría si se involucraba en algún problema? Esto no afectaría el plan de Dios, pues El lo tenía todo bajo control. El pudo decir: "En tu simiente serán benditas todas las familias de la tierra". Dios lo había decidido. Nuestra esperanza yace en la fidelidad de Dios, no en la nuestra. Nuestra utilidad depende de la voluntad de Dios, no de la fuerza de nuestra voluntad. Hermanos y hermanas, necesitamos aprender a conocer a Dios como el Dios que nunca falla.

En Bet-el Jacob oyó que Dios le hablaba en sueño. Dios no lo reprendió. No le dijo: "Mírate a ti mismo. ¿Qué has hecho en tu casa recientemente?" Si hubiéramos sido nosotros, habríamos reprendido a Jacob. Pero Dios conocía a Jacob y sabía que era audaz, astuto y suplantador. Sabía que Jacob tenía más energía y un carácter más fuerte que los demás. Reprender y exhortar a una persona así no da mucho resultado. Dios tomó a Jacob en Su mano. Al obrar Dios en las circunstancias de Jacob, pudo cortar un filo aquí y una punta allá. Si no acababa Su obra en un año, lo haría en dos, y si no, en diez o veinte. Dios siempre acaba lo que empieza. Cuando volvió a traer a Jacob a Bet-el, éste había cambiado.

La promesa que Dios le hizo a Jacob, en realidad era mayor que la que le hizo a Abraham, y también mayor que la que le hizo a Isaac. Jacob recibió algo del Señor que ni Abraham ni Isaac habían recibido. Dios le dijo: "He aquí, yo estoy contigo, y te guardaré por dondequiera que fueres, y volveré a traerte a esta tierra; porque no te dejaré hasta que haya hecho lo que te he dicho" (28:15). ¡Aleluya! ¡Alabado sea el Señor! La promesa que Dios le hizo a Jacob fue incondicional. El no le dijo: "Si me tomas como tu Dios, Yo te tomaré como pueblo. Si cumples mis condiciones y guardas Mis mandamientos, recibirás Mi promesa". Lo incondicional de la promesa indica que Dios hallaría la forma de disciplinar a Jacob sin importar si él era bueno o malo, honesto o sagaz. Dios cumpliría lo que dijo: "No te dejaré hasta que haya hecho lo que te he dicho". Nuestro Dios no puede fallar. No podemos detener a Dios a medio camino. Si Dios nos escogió, indudablemente cumplirá Su promesa en nosotros.

"Y despertó Jacob de su sueño, y dijo: Ciertamente Jehová está en este lugar, y yo no lo sabía. Y tuvo miedo, y dijo: ¡Cuán terrible es este lugar! No es otra cosa que casa de Dios, y puerta del cielo" (vs. 16-17). Jacob se olvidó de lo que Dios le había dicho. No pensó en la promesa del Dios de Abraham y de Isaac. Solamente tuvo temor porque aquel lugar era la puerta del cielo. Bet-el ciertamente es un lugar terrible a los ojos del hombre carnal. Sabemos que Bet-el es la casa de Dios, la cual ciertamente es un lugar terrible para los que no le han puesto fin a su carne. En la casa de Dios se encuentran Su autoridad y Su administración; allí están la impartición, la gloria, la santidad y la justicia de Dios. Si la carne de una persona no ha llegado a su fin, para tal persona la casa de Dios es, sin duda, un lugar terrible.

"Y se levantó Jacob de mañana, y tomó la piedra que había puesto de cabecera, y la alzó por señal, y derramó aceite encima de ella" (v. 18). Esto muestra que santificó la piedra. "Y llamó el nombre de aquel lugar Bet-el, aunque Luz era el nombre de la ciudad primero" (v. 19). Entonces Jacob hizo un voto: "Si fuere Dios conmigo, y me guardare en este viaje en que voy, y me diere pan para comer y vestido para vestir, y si volviere en paz a casa de mi padre, Jehová será mi Dios. Y esta piedra que he puesto por señal, será casa de Dios; y de todo lo que me dieres, el diezmo apartaré para ti" (vs. 20-22). Esta fue la respuesta de Jacob a Dios. Esta era la extensión del conocimiento que Jacob tenía de Dios.

Dios le dijo: "He aquí, yo estoy contigo", y Jacob respondió: "Si fuere Dios conmigo". Dios dijo: "Te guardaré por dondequiera que fueres". y Jacob contestó: "Si fuere Dios conmigo, y me guardare en este viaje en que voy". Esto muestra el escaso conocimiento que Jacob tenía de Dios.

Examinemos la petición de Jacob. Su petición revela las cosas que él buscaba. El dijo: "Si Dios me diera pan para comer y vestido para vestir". Estaba interesado en lo relacionado con la comida y el vestido. No veía el plan de Dios. Este pasaje también nos muestra el tipo de disciplina que había recibido de sus padres. El había sido el niño consentido de la casa. Se había ido de allí sólo por causa de la disciplina de Dios. Esta era la primera noche que pasaba fuera de casa y que tenía por cabecera una piedra. Desde entonces, no sabría de donde le vendrían ni la comida ni el vestido. Así que expresó su preocupación por la comida y el vestido. Pudo ver que al haber obtenido con artilugios la bendición, había terminado sin alimento y sin vestiduras, y había tenido que irse de la casa de su padre. De modo que dijo: "Si fuere Dios conmigo, y me guardare en este viaje en que voy, y me diere pan para comer y vestido para vestir, y si volviere en paz a casa de mi padre..." Su esperanza era tener qué comer y con qué cubrirse y poder regresar a la casa de su padre. Si Dios hacía esto por él, él haría lo siguiente: "Esta piedra, que he puesto por señal, será casa de Dios; y de todo lo que me dieres, el diezmo apartaré para ti". Tal era Jacob. Este era el grado de conocimiento que Jacob tenía de Dios al principio. De todo lo que Dios le diera, él le devolvería el diezmo. El tenía mentalidad de comerciante. Su comunicación con Dios era una especie de regateo. Si Dios iba con él, lo guardaba, le daba alimento y vestido y lo llevaba en paz a la casa de su padre, él recompensaría a Dios con el diezmo de sus posesiones.

Esta era la primera vez que Jacob se encontraba con Dios. Bet-el fue el lugar donde Dios le habló por primera vez. De ahí en adelante, cuando Dios le hablaba, le decía: "Yo soy el Dios de Bet-el" (31:13). Aunque Jacob no conocía bien a Dios en Bet-el, Dios dejó una profunda impresión en él allí. Aquella fue la primera vez que Dios habló con él. Veinte años más tarde, después de mucha disciplina, Jacob llegó a ser un hombre útil.

La disciplina que Jacob experimentó en Harán.

Génesis 29 nos dice que Jacob fue a la tierra de los orientales y vio a los pastores que venían de Harán. "Mientras él aún hablaba con ellos, Raquel vino con el rebaño de su padre, porque ella era la pastora. Y sucedió que cuando Jacob vio a Raquel, hija de Labán hermano de su madre, y las ovejas de Labán el hermano de su madre, se acercó Jacob y removió la piedra de la boca del pozo, y abrevó el rebaño de Labán hermano de su madre. Y Jacob besó a Raquel, y alzó su voz y lloró" (vs. 9-11). Cuando se encontró con Dios en su camino, se preocupó por el alimento y el vestido. Cuando llegó a la tierra de los orientales y se encontró con sus familiares, lo primero que hizo fue llorar. El haber llorado nos indica lo que experimentó en el camino y lo que esperaba enfrentar en el futuro. Una persona astuta y calculadora usualmente no llora. Solamente llora cuando descubre que ya no puede hacer nada. En un momento así Jacob lloró.

Dios también estaba preparado para comenzar otra obra en él. Al llegar a la casa de su tío Labán, éste le dijo: "Ciertamente hueso mío y carne mía eres. Y estuvo con él durante un mes" (v. 14). Después de ser el invitado de su tío por un mes, su tío le dijo cortésmente: "¿Por ser tú mi hermano, me servirás de balde? Dime cuál será tu salario" (v. 15). En estas palabra podemos ver que también Labán tenía una mentalidad de negociante. El y Jacob resultaron ser la misma clase de persona. Cuando Esaú estuvo con Jacob, no pudo vencer a Jacob. Pero cuando Jacob conoció a Labán, le fue difícil negociar con éste. En muchas ocasiones, una persona muy activa termina al lado de alguien con el mismo temperamento; una persona avara encuentra a otra persona avara; una persona orgullosa encuentra a otra persona orgullosa, y una persona que le gusta aprovecharse de los demás encuentra a otra igual. Todo esto constituye un camino espinoso. A esto se enfrentaba Jacob en ese momento. La disciplina de Dios lo había puesto ante Labán. "¿Por ser tú mi hermano, me servirás de balde? Dime cual será tu salario". Esta propuesta parecía justa, pero en realidad, lo que Labán daba a entender era que Jacob no debía comer gratis, que debía trabajar y que por ello recibiría un pequeño pago, aunque lo dio a entender con mucha sutileza. Antes, Jacob estaba en su propia casa como hijo. Ahora tenía que ser un trabajador más. Dios lo estaba disciplinando por medio de las circunstancias.

El sirvió a Labán, y como pago pidió que se le diera a Raquel. Por amor a Raquel, Jacob sirvió a Labán siete años, al final de los cuales éste lo engañó y le dio a Lea en lugar de Raquel. El había engañado a otros, pero ahora lo engañaban a él. Así que sirvió a Labán otros siete años por amor a Raquel. Durante esos catorce años, Jacob sirvió a su tío por sus dos hijas. En total sirvió a su tío Labán por veinte años. Durante este tiempo, su tío lo engañó y le cambió el salario diez veces. Originalmente se había acordado que él recibiría cierta suma de dinero al término de su trabajo. Pero después de terminarlo, [posiblemente] se le decía que algo no había quedado bien y que lo descontarían de su salario. Labán le cambió el salario a Jacob diez veces. Haciendo un promedio, le cambiaban el salario cada dos años. Jacob verdaderamente estaba siendo puesto a prueba.

Pero gracias al Señor que ésta era Su obra en él. En Bet-el Dios le dijo que lo volvería a traer a su tierra. Dios le prometió que lo traería de regreso, pero antes de hacerlo quería que él supiera lo que es la casa de Dios. Dios estaba reteniendo a Jacob. Lo llevó a la casa de Labán, un hombre que era tan astuto, tan audaz y tan sagaz como él, a fin de disciplinarlo. Durante este tiempo, Jacob comenzó a aprender a someterse bajo la poderosa mano de Dios, pero esto no significa que había cambiado. Jacob seguía inventando métodos para hacer que las ovejas nacieran manchadas y salpicadas a fin de que pasaran a ser su posesión. El seguía siendo el mismo de antes. Ni siquiera Labán pudo con él. Aunque le cambió el salario diez veces, Jacob halló la forma de salir ganando.

Dios tenía un propósito con Jacob, por causa del cual lo disciplinó de muchas maneras. Quería disciplinarlo en sus características más sobresalientes. Esta era la obra que Dios quería lograr en Jacob. Lo disciplinó poco a poco. Durante veinte años Jacob fue herido y sufrió repetidas veces. Por una parte, Dios lo estaba quebrantando, y por otra, su carne todavía estaba presente, y seguía siendo tan sagaz y astuto como antes. Sin embargo, Dios no desistió. Finalmente, por causa de todas las adversidades que pasó, reconoció la mano de Dios.

Después que Raquel dio a luz a José, Jacob pensó en volver a casa. Pero sus días de disciplina aun no se habían cumplido, y necesitaba permanecer sumiso bajo la mano de Labán. No podía irse de allí ni un día antes [de que se cumpliera dicha obra].

Debemos creer que todo lo que proviene de la mano de Dios es bueno. Dios dispone nuestras circunstancias para nuestro beneficio. Todas nuestras circunstancias redundan en nuestro bien y nos disciplinan en los puntos fuertes de nuestra vida natural. Nuestra esperanza es que Dios no tenga que usar veinte años para disciplinarnos. Pero lamentablemente, hay personas que no aprenden la lección ni aun después de veinte años. Aunque algunos han sido probados y disciplinados, no avanzan; es una lástima que su carne nunca sea afectada ni debilitada y que todavía sigan maquinando tretas y suplantando. Hermanos y hermanas, no debemos quejarnos pensando de que la mano de Dios es pesada. El sabe lo que hace. Al comienzo, Jacob era implacable, pero después de ser disciplinado por Dios, llegó a ser, en su vejez, benévolo y tierno. Que podamos ver que todo lo que experimentamos en nuestras circunstancias es medido por el Espíritu Santo según nuestra necesidad. Nada nos sucede por casualidad. Todas las experiencias que confrontamos son preparadas por el Espíritu Santo con el fin de edificarnos. Mientras pasamos por estos golpes y estas pruebas, es posible que no sintamos gozo ni comodidad, pero todo ello es parte de la obra que Dios está haciendo en nosotros. Más adelante comprenderemos que todos pasamos por estas experiencias por nuestro propio bien.

CAPITULO DIEZ

EL QUEBRANTAMIENTO DE LA VIDA NATURAL DE JACOB

Lectura bíblica: Gn. 31—35

En el idioma original el nombre *Jacob* tiene varios significados; uno es "asidor", y otro es "suplantador". Ya dijimos que Jacob, por causa de su astucia, estuvo continuamente bajo la disciplina de Dios. Dios no lo dejaba actuar libremente. Hizo que tuviera que irse de su casa; permitió que su tío lo engañara durante veinte años en Padan-aram y le cambiara el salario diez veces. Este fue un período difícil para Jacob. La experiencia de Jacob fue totalmente diferente a la de Isaac. Este lo recibió todo; no tuvo que esforzarse por conseguirlo. Las riquezas de Dios se reciben en un instante y con facilidad, pues no se requiere mucho tiempo para que un cristiano empiece a participar de las riquezas de Cristo ni para que comprenda que tanto la obra como la vida de Cristo son suyas. En cuanto uno ve esto, puede participar de ellas, y todos los problemas son resueltos. Pero la experiencia de Jacob fue diferente, ya que duró toda la vida. La vida natural permanece con nosotros hasta la muerte, y las actividades de la carne estarán presentes mientras vivamos en este mundo. Esto significa que necesitamos que Dios nos discipline continuamente; El debe quebrantarnos constante y gradualmente. Agradecemos al Señor porque esta obra no quedará inconclusa, pues Dios la terminará. El puso Su mano sobre la fuerza natural de Jacob, y éste se debilitó. Examinemos la tercera sección de la historia de Jacob, la cual describe la forma en que Dios quebranta la vida natural.

EL AVANCE

Dios usó los años que Jacob pasó en la casa de Labán

para quebrantarlo, disciplinarlo y subyugarlo. Pero Jacob seguía siendo el mismo. No importa cuán astuto fuera Labán, Jacob terminaba saliéndose con la suya. Aunque fue oprimido de muchas maneras, seguía siendo recursivo; hasta engañó al rebaño con sus artimañas. Después de veinte años, había llegado el momento para que Dios le hablara. Ya había tenido once hijos, pero ésta era la primera vez que Dios le hablaba desde aquella ocasión en que le habló por sueños en Bet-el.

Dios permite que Jacob regrese a Canaán

Génesis 31:3 dice: "También Jehová dijo a Jacob: Vuélvete a la tierra de tus padres, y a tu parentela, y yo estaré contigo". El versículo 13 dice: "Yo soy el Dios de Bet-el, donde tú ungiste la piedra, y donde me hiciste un voto. Levántate ahora y sal de esta tierra, y vuélvete a la tierra de tu nacimiento". Dios llamó a Jacob a regresar a su tierra. Así que, Jacob se preparó para volver a la tierra donde había nacido. Pero Labán no quería dejarlo ir. Aunque Jacob había sacado ventaja de él en cierta medida, de todos modos, Dios bendijo a Labán por medio de él. Era más lucrativo para Labán que Jacob le pastoreara el rebaño que hacerlo él mismo, y por eso no quería que se fuera. Jacob dijo a Raquel y a Lea lo que se proponía hacer y tuvo su consentimiento. El tomó consigo a sus esposas, a sus hijos y todo el ganado y las posesiones que había adquirido en Padan-aram, y se marchó secretamente sin decir nada a Labán.

Al tercer día, Labán se dio cuenta de que Jacob se había ido y fue en pos de él. Una noche antes de alcanzarlo, Dios le habló en sueños: "Guárdate que no hables a Jacob descomedidamente" (v. 24). Dios no iba a permitir que Labán le dijera nada a Jacob, porque era Dios mismo quien propiciaba el regreso de Jacob del lugar de prueba a su casa. El momento había llegado, y Dios quería librar a Jacob. Toda prueba, por difícil que sea, solamente dura cierto tiempo. Cuando Dios logró lo que quería en la vida de Jacob, lo liberó, y Labán no pudo hacer nada para detenerlo. Labán obedeció a la palabra de Dios y no se atrevió a decir mucho cuando alcanzó a Jacob. Finalmente, los dos hicieron un pacto. Este pacto fue muy significativo. "Dijo más Labán a Jacob: He aquí este majano, y he aquí esta señal, que he erigido entre tú y yo. Testigo sea este majano, y testigo sea esta señal, que ni yo pasaré de este majano contra ti, ni tú pasarás de este majano ni de esta señal contra mí, para mal. El Dios de Abraham y el Dios de Nacor...” (vs. 51-53a). Pero Dios no reconoció esto; así que “Jacob juró por aquel a quien temía Isaac su padre” (v. 53b). Labán pudo decir de manera cortés: “El Dios de Abraham y el Dios de Nacor...”, pero Jacob no pudo decirlo. El sólo pudo jurar por el Dios de su padre Isaac. Esto significa que la línea de la promesa de Dios comenzó a partir de Su elección. Dios había escogido a Isaac padre de Jacob y a su abuelo Abraham. Dios había hecho esto, y nadie más podía interferir. Ni siquiera Nacor.

El incidente que ocurrió después de esto fue aún más significativo. “Entonces Jacob inmoló víctimas en el monte” (v. 54). Labán no fue el que ofreció sacrificios, sino Jacob. Jacob oyó la voz de Dios y comenzó a acercarse a Dios. Había progresado. Había ido a Padan-aram porque su madre lo había persuadido, no porque Dios lo hubiera conducido. Cuando se encontró con Dios en Bet-el, lo único que hizo fue hacer un voto. Dios le dijo que regresara; así que él obedeció y regresó. Su relación con Dios había mejorado. Esta era la primera vez que obedecía a la palabra de Dios, se sometía a El y le ofrecía sacrificios. A pesar de que veinte años de disciplina no cambiaron a Jacob, ahora mostraba interés por Dios; esto también era un avance. Cuando Jacob tomó por el calcañar a su hermano y codició la primogenitura y la bendición, no buscaba a Dios sino los bienes de Dios. En otras palabras, él quería los dones de Dios, pero no al Dador. Quería las cosas de Dios, no a Dios mismo. Pero después de veinte años de estar bajo la disciplina de Dios, había cierta inclinación hacia Dios y cierto grado de conversión. Por consiguiente, después de este pacto, fue Jacob quien ofreció sacrificios a Dios, no Labán. Después de ofrecer el sacrificio, Jacob se separó de Labán al siguiente día y emprendió su viaje a Canaán.

Pasa por Mahanaim

Génesis 32:1-2 dice: “Jacob siguió su camino, y le salieron al encuentro ángeles de Dios. Y dijo Jacob cuando los vio:

Campamento de Dios es este; y llamó el nombre de aquel lugar Mahanaim". *Mahanaim* significa "dos campamentos". Esta expresión es maravillosa. Dios abrió los ojos de Jacob para que viera que, como resultado de su obediencia al salir de Padan-aram, Él lo había librado de la mano de Labán y que también lo libraría de la mano de otros, para que viera que los que venían con él constituían un campamento en la tierra, y que las huestes de Dios eran otro campamento; de suerte que había "dos campamentos". También abrió sus ojos para que viera que el mensajero de Dios estaba con ellos. Primero, Dios vino a él solo y le dijo: "Vuélvete a la tierra de tus padres, y a tu parentela; y yo estaré contigo". Mientras iba en camino, Labán lo alcanzó con una compañía de hombres, pero Dios protegió a Jacob. Esto le confirmó que Dios estaba con él. Después de irse Labán, Dios le dio una visión en la cual le mostró que no sólo había un campamento en la tierra, sino que otro campamento del ejército celestial le seguía. Todos estos incidentes le enseñaron a Jacob a confiar en Dios.

Maquina ardides mientras ora

Sin embargo, en tales circunstancias, Jacob seguía siendo el mismo. La carne siempre será la carne; nunca será reformada por la gracia de Dios. A pesar de que Jacob había recibido la visión, era una lástima que todavía se valiera de sus artilugios. Leamos los versículos del 3 al 5: "Y envió Jacob mensajeros delante de sí a Esaú su hermano, a la tierra de Seir, campo de Edom. Y les mandó diciendo: Así diréis a mi señor Esaú: Así dice tu siervo Jacob: Con Labán he morado, y me he detenido hasta ahora; y tengo vacas, asnos, ovejas, y siervos y siervas; y envío a decirlo a mi señor, para hallar gracia en tus ojos". Este pasaje nos muestra que Jacob era un persona que podía utilizar cualquier recurso que tuviera a la mano y decir cualquier palabra vil. Estaba dispuesto a hacer cualquier cosa por salvarse de alguna adversidad. Pensaba que con sus palabras podía cambiar el corazón de su hermano, pero se había olvidado del llamamiento y de la protección de Dios y de los ángeles de Dios.

El versículo 6 dice: "Y los mensajeros volvieron a Jacob, diciendo: Vinimos a tu hermano Esaú, y él también viene a recibirte, y cuatrocientos hombres con él". Jacob se confundió una vez más. No sabía si su hermano tenía buenas intenciones o no. Esaú venía con cuatrocientos hombres. ¿Con qué propósito? El versículo 7 dice: "Entonces Jacob tuvo gran temor, y se angustió". Esto muestra que los que planean más ardides son los que más se preocupan. Cuanto más ansiedad tiene una persona, más temor lo embarga. Jacob sólo podía pensar; no podía confiar; podía tramar, mas no creer. Pasaba los días de su vida en temor y angustia. Así era El. Aquellos cuya carne no ha sido quebrantada por Dios sólo pueden confiar en sus propios planes y maquinaciones; no pueden confiar en Dios ni creer en El. Por tanto, sólo pueden temer y preocuparse.

Las especulaciones de Jacob eran interminables, y sus artimañas no conocían límite. Seguía haciendo sus propios planes. Sabía que Dios quería que regresara y que no podía permanecer en Mesopotamia. Tenía que encontrar la manera de regresar. El obedeció a Dios pero no confiaba en El. No podía dejar que Dios se hiciera cargo de las consecuencias de su obediencia. Se preguntaba qué pasaría si tenía que enfrentarse a problemas que le vinieran como resultado de haber obedecido a Dios. Esta es la experiencia de muchos cristianos. Muchas veces parece que dejan entrar a Dios "por la puerta principal", mientras que al mismo tiempo preparan su escape "por la puerta trasera". Jacob era verdaderamente ingenioso, y se le ocurrió una idea: "Distribuyó el pueblo que traía consigo, y las ovejas y las vacas y los camellos, en dos campamentos" (v. 7). Los "dos campamentos" de este versículo corresponde a *Mahanaim,* del versículo anterior. Jacob dividió su pueblo y su ganado en *Mahanaim.* Usó este *Mahanaim* para reemplazar el otro. Originalmente, Jacob tenía un campamento en la tierra, y Dios tenía el Suyo en el cielo, pero ahora Jacob había dividido el suyo en dos. El dijo: "Si viene Esaú contra un campamento y lo ataca, el otro campamento escapará" (v. 8). La meta del ardid de Jacob era crear una vía de escape.

Obviamente, él aún conocía algo de Dios. Anteriormente, Dios lo había buscado a él, ahora él buscó a Dios. "Y dijo Jacob: Dios de mi padre Abraham, y Dios de mi padre Isaac, Jehová, que me dijiste: Vuélvete a tu tierra y a tu parentela, y yo te haré bien; menor soy que todas las misericordias y que toda la verdad que has usado para con tu siervo; pues con mi cayado pasé este Jordán, y ahora estoy sobre dos campamentos. Líbrame ahora de la mano de mi hermano, de la mano de Esaú, porque le temo; no venga acaso y me hiera la madre con los hijos. Y tú has dicho: Yo te haré bien, y tu descendencia será como la arena del mar, que no se puede contar por la multitud" (vs. 9-12). Esta fue la oración de Jacob. No fue una oración elevada, pero tenemos que admitir que fue mucho mejor que antes. En el pasado sólo hacía planes; no oraba. Ahora él había planeado sus ardides y también había orado. Por una parte, Jacob tenía sus recursos, y por otra, oraba. Tenía su propia actividad y, al mismo tiempo, esperaba en Dios. ¿Acaso Jacob es el único que ha hecho esto? ¿No es ésta la condición de muchos cristianos? Pese a esto, la condición de Jacob había mejorado. Tanto su oración como su actitud eran correctas. El se dirigió a Dios como "Dios de mi padre Abraham, y Dios de mi padre Isaac". Sabía que Dios quería que volviera a su propia tierra y a su parentela, y que lo iba a bendecir. Le dijo claramente a Dios que temía que su hermano viniera y lo matara. Fue sincero y le dijo al Señor: "Tú has dicho: Yo te haré bien y tu descendencia será como la arena del mar, que no se puede contar por la multitud". Recordó la promesa de Dios y se la mencionó.

Sin embargo, no podía confiar en Dios. Temía lo que le pudiera pasar si la palabra de Dios fallaba. No podía dejar de confiar en Dios, puesto que El le había hablado, pero pensaba que era muy arriesgado confiar incondicionalmente en El. Quería confiar en Dios, pero sin arriesgar nada. Por tanto, preparó sus propias vías de escape. "Y durmió allí aquella noche, y tomó de lo que le vino a la mano un presente para su hermano Esaú; doscientas cabras y veinte machos cabríos, doscientas ovejas y veinte carneros, treinta camellas paridas con sus crías, cuarenta vacas y diez novillos, veinte asnas y diez borricos. Y lo entregó a sus siervos, cada manada de por sí; y dijo a sus siervos: Pasad delante de mí, y poned espacio entre manada y manada. Y mandó al primero, diciendo: Si Esaú mi hermano te encontrare, y te preguntare, diciendo: ¿De quién eres? ¿y adónde vas? ¿y para quién es esto que llevas delante de ti? entonces dirás: Es un presente de tu siervo Jacob, que envía a mi señor Esaú; y he aquí también él viene tras nosotros. Mandó también al segundo, y al tercero, y a todos los que iban tras aquellas manadas, diciendo: Conforme a esto hablaréis a Esaú, cuando le hallareis. Y diréis también: He aquí tu siervo Jacob viene tras nosotros. Porque dijo: Apaciguaré su ira con el presente que va delante de mí, y después veré su rostro; quizá le seré acepto. Pasó, pues, el presente delante de él; y él durmió aquella noche en el campamento" (vs. 13-21). Este era el plan maestro de Jacob. Se enfrentaba al mayor peligro de su vida; era un asunto de vida o muerte. Jacob había pasado por muchas cosas, pero nunca se había enfrentado a una situación tan crítica como ésta. Conocía el temperamento de su hermano; sabía que era un cazador que no tenía compasión de los animales, y temía que tampoco la tuviera para con los seres humanos. Para Jacob, ésta era la hora más decisiva. Nunca había orado como lo hizo, y nunca había estado tan temeroso y angustiado como en ese día. En Bet-el fue Dios quien lo buscó, pero ahora él invocaba a Dios. Si usted dice que Jacob no temía a Dios, debe tener en cuenta que él oró; pero si usted dice que él confiaba en Dios, debe recordar que planeó todos estos ardides y posibles escapes. Daba la impresión que se había olvidado de las promesas de Dios, y al mismo tiempo, parecía que las tenía muy presentes. Dios lo había librado de la mano de Labán y le había mostrado que un ejercito de ángeles iba con él. Sin embargo, seguía temeroso y preocupado, y seguía haciendo planes y maquinaciones. Por veinte años Dios lo había subyugado y disciplinado, pero él seguía siendo el mismo. Seguía siendo muy hábil. Su elocuencia seguía presente, y todavía tramaba toda clase de artimañas. En esta situación se le ocurrió su mejor plan. Aquella noche Jacob tomó a sus dos mujeres, sus dos siervas y sus once hijos, y los hizo pasar el río a ellos primero. Luego hizo pasar a los demás. El se quedo solo en el otro lado.

LA EXPERIENCIA DE PENIEL

Esa misma noche Dios le salió al encuentro. "Así se quedó Jacob solo; y lucho con él un varón hasta que rayaba el alba. Y cuando el varón vio que no podía con él, tocó en el sitio del encaje de su muslo, y se descoyuntó el muslo de Jacob mientras con él luchaba" (vs. 24-25). Este lugar fue llamado Peniel. Fue el lugar donde la vida carnal de Jacob se agotó y fue quebrantada.

Dios lucha con Jacob

Allí Jacob no estaba haciendo nada; no estaba orando ni luchando con Dios. En tal momento *Dios* vino a luchar con él y lo subyugó.

¿Qué significa luchar? Denota derribar a una persona e inmovilizarla. Dios luchó con Jacob a fin de subyugarlo, despojarlo de su fuerza e inmovilizarlo para que dejara de luchar. Luchar indica agotarle la fuerza a alguien, someterlo e inmovilizarlo; subyugarlo y sujetarlo por la fuerza. La Biblia nos muestra que Dios luchó con Jacob y *no podía con él.* ¡Qué fuerte era Jacob!

¿Qué significa que Dios no podía con Jacob? Cuando no confiamos en Dios, cuando diseñamos nuestras propias estratagemas y cuando estamos satisfechos con nosotros mismos, tenemos que admitir que Dios no prevalece sobre nosotros. Cuando intentamos hacer la voluntad de Dios con nuestro propio esfuerzo y procuramos librarnos usando toda clase de medios naturales, tenemos que reconocer que Dios no puede con nosotros. Muchos hermanos y hermanas han creído en el Señor por muchos años, pero tienen que admitir que Dios nunca ha prevalecido sobre ellos. Siguen siendo muy astutos, fuertes, hábiles e ingeniosos. Dios no puede con ellos. Nunca los ha subyugado ni los ha vencido. Si los hubiera derrotado, habrían dicho: "¡Yo no puedo lograr nada por mi propia cuenta! ¡Dios, me rindo!" Desafortunadamente muchos hermanos y hermanas han estado bajo la disciplina de Dios reiteradas veces y todavía no han sido vencidos. Piensan que no planearon lo suficiente la primera vez y que necesitan mejorar el plan para la segunda o la tercera ocasión. Tales personas nunca han sido derrotadas por Dios.

Jacob era una persona que no se dejaba derrotar. El sabía que éste era un momento crítico para él, pero seguía haciendo sus propios planes. Pudo haber pensado: "Conozco muy bien a Esaú. Si hago esto, hay un noventa y nueve por ciento de probabilidad de que tendré éxito". Aunque temía en su corazón, seguía siendo muy ingenioso.

Muchas personas experimentan repetidas veces la disciplina de Dios, pero su vida natural nunca ha sido totalmente quebrantada. Como resultado, se jactan de la disciplina de Dios de manera natural. Piensan que al experimentar la disciplina de Dios frecuentemente, acumulan una abundante historia espiritual para sí. Si nunca hubieran sido disciplinados por el Señor, no tendrían nada que decir. No podrían sentirse orgullosos de nada espiritual. De lo único que podrían sentirse orgullosos sería de las cosas mundanas. Pero al experimentar algo de comunión con Dios y recibir algo de disciplina, se adornan con fragmentos de experiencias y los usan como base para vanagloriarse de cosas espirituales y afirmar que conocen a Dios.

Hermanos y hermanas, quizás Dios ha estado luchando con ustedes por cinco o diez años pero todavía no ha prevalecido. Aún no han sido llevados al punto de decir: "Estoy terminado. Ya no puedo levantarme. No puedo seguir adelante". Esto significa que Dios no ha prevalecido sobre usted.

Dios toca el encaje del muslo de Jacob

Damos gracias a Dios porque El sabe hacer las cosas. Es cierto que Jacob era muy hábil y que su vida y su energía carnales eran más fuertes que la de los demás. Pero al final Dios prevaleció sobre él. Si Dios hubiera seguido luchando con él como hasta ese momento, la lucha podía haberse extendido veinte años. Pero Dios sabía que había llegado la hora. Puesto que Jacob no podía ser sujetado, le tocó el encaje del muslo. Al hacer esto Dios, se le descoyuntó a Jacob el muslo.

El tendón del encaje del muslo es el tejido más fuerte del cuerpo, y representa la parte más fuerte de una persona, el asiento de la fuerza natural del hombre. Dios tocó el asiento de la fuerza natural de Jacob.

Dios tocó el encaje del muslo de Jacob porque en esa ocasión, el tendón del muslo se había manifestado. Ese día, Jacob temía que Esaú viniera y lo matara junto con sus esposas e hijos y, por lo tanto, realizó la mejor hazaña de su vida. Preparó sus presentes, incluyó animales de varias clase en cada manada, y pidió a sus siervos que pasaran adelante y pusieran espacio entre manada y manada. También les mandó que hablaran con cortesía a Esaú cuando lo vieran. El diseñó esta sabia manera de apaciguar el rencor de Esaú para que se sintiera obligado a perdonar. Jacob estaba haciendo el mejor despliegue de destreza en su vida, y al hacerlo, dejó ver el tendón del encaje de su muslo. Ese mismo día, Dios tocó ese encaje.

La fuerza natural del hombre siempre pone de manifiesto ciertas características. Hay ciertas áreas en las que se manifiesta la fuerza natural, áreas particularmente fuertes. Dios intenta poner en evidencia estas áreas. Desafortunadamente, muchos cristianos no están conscientes de la parte en la que se concentra su energía natural. Las personas más desafortunadas no son las débiles, sino las que no se dan cuenta de que lo son. Las personas más necesitadas no son las que fallan, sino las que no se dan cuenta de que lo hacen. No sólo caen en un error sino que ni siquiera se dan cuenta. No viven en la luz y, como resultado, no se dan cuentan de que están mal. Algunos cristianos reconocen su vacío y sus faltas en ciertas áreas, pero los males que mencionan no son el verdadero problema. Es posible que haya problemas más profundos que aún no se hayan manifestado, puesto que no le hemos dado a Dios la oportunidad de exponerlos. El permitió que Jacob se enfrentara a Esaú y a sus cuatrocientos hombres para que toda su fuerza se manifestara y sus características se revelaran.

La experiencia necesaria de un cristiano

Para que un cristiano siga el camino de Dios, tiene que recibirlo todo de parte de Cristo. Sin embargo, no es suficiente que seamos Isaac. Somos Isaac, pero al mismo tiempo debemos ser Jacob. Necesitamos que Dios toque el encaje de nuestro muslo, para que nos debilite y nos descoyunte. Llegará el día cuando hará esto. Nuestro avance no siempre debe ser lento. Si avanzamos al paso que vamos, es posible que no lleguemos a Bet-el en veinte años. Dios ha estado disciplinándonos por veinte años, pero ahora necesitamos que el encaje de nuestro muslo sea descoyuntado para que ya no nos acerquemos a la presencia del Señor con altivez. Esta es una experiencia específica, tan específica como nuestra salvación. Así como necesitábamos ser salvos de manera específica, y así como necesitaban ser abiertos nuestros ojos para ver las riquezas de Cristo de manera específica, asimismo el asiento de nuestra fuerza necesita ser tocado de manera específica para que nuestra vida natural sea desplazada.

Todo cristiano tiene el encaje de su propio muslo. En algunos, su fuerza natural está alojada en sus maquinaciones. En otros, está ubicada en su talento. En algunos cristianos la fuerza natural se halla en sus emociones, mientras que en otros, en el amor propio. Todo cristiano tiene una área fuerte específica. Su fuerza natural se encuentra en esa área. Una vez que esa área es tocada, su fuerza natural es tocada por Dios. No podría decirle a cada uno dónde se encuentra alojada su fuerza natural, pero sí puedo decir que todo cristiano tiene su propia área particular. Todos los aspectos de su vida están bajo la influencia de esa área, la cual puede considerarse el encaje de su muslo.

La vida natural de algunos cristianos se manifiesta en la manera en que ellos se complacen en exhibirse. Les gusta mostrar la escasa espiritualidad que tienen. Lo que ellos consideran "testimonios", en realidad no son testimonios para el Señor, pues son una especie de jactancia y despliegue de ellos mismos. Todo lo relacionado con sus acciones, su vida y su obra proviene del deseo que tienen de exhibirse. Tarde o temprano, Dios tocará este amor por exhibirse.

La fuerza natural de algunos cristianos está contenida en su amor propio, el cual, a su vez, es el origen de todo lo que hacen. Los que tienen más experiencia en el Señor pueden discernir inmediatamente que el motivo de todo lo que aquéllos dicen y hacen es su amor propio. Por la manera en que se comportan, uno puede ver claramente el encaje de su muslo, su amor propio. Nuestra vida natural siempre tiene una columna vertebral, en la cual se esconde un poder muy fuerte. Con el tiempo, el Señor tendrá que destruirlo para que podamos producir el fruto del Espíritu Santo. De no ser así, nuestro yo seguirá expresándose.

La vida natural de algunos cristianos está oculta en su intelecto exageradamente desarrollado. Siempre calculan y razonan cuando otros les hablan, juzgándolo todo para ver si es razonable o lógico. Analizan todo lo que encuentran a su paso. Sus mentes son demasiado activas. Todo gira en torno a su mente. No pueden vivir sin pensar y analizar. Su mente se convierte en su vida. Es posible que sean aptos para hacer muchas cosas, pero son inútiles en las manos de Dios. Con el tiempo, Dios tendrá que quebrantar su intelecto para cumplir en ellos Su propósito.

Hay muchas otras cosas que pueden ser el centro de nuestra vida natural. Al tocar Dios esta área, obra en nosotros. No quiere decir que hayamos llegado a ser perfectos, pero sí que ha habido un cambio significativo en nuestra vida.

Muchos cristianos cometen errores que aparentemente no tienen ninguna relación entre sí; cometen errores pequeños aquí y allá. Aunque las expresiones externas de dichos errores puedan ser diferentes, la raíz es la misma. Esta raíz es el encaje del muslo que ya mencionamos, el asiento de su vida natural. Dios no dejará esto así; El constantemente lo tocará. La atención de Dios no se concentra en las muchas expresiones externas e insignificantes. Su intención es tocar la columna vertebral de la vida natural de ellos y producir un cambio fundamental en su interior.

Damos gracias al Señor porque tocó el encaje del muslo de Jacob. Después de este toque, Jacob quedó cojo. Se volvió débil, fue derrotado y no pudo luchar más.

El significado de Peniel

Algunos preguntarán: "¿Qué significa Peniel? ¿Cómo se aplica a nosotros el Peniel de Jacob? Podemos contestar de esta manera: Es posible que usted tenga un carácter obstinado que ha dominado su vida. Este se ha convertido en el principio que lo gobierna y el asiento de su vida natural. En condiciones normales, usted no lo nota. Pero Dios provee muchas oportunidades en las cuales esta fuerza natural es puesta en evidencia una, dos, diez, o inclusive cien veces. Aún así, usted no se percata de ello. Un día, al cruzar el vado de Jaboc, usted habrá agotado su habilidad y el centro mismo de su vida natural quedará manifiesto. En ese momento, la mano de Dios lo tocará y le mostrará dónde yace su fuerza natural. Reconocerá que su propio carácter es terrible, malo e inmundo. Aquello de lo que usted se jactaba y en lo que se complacía y se creía superior quedará expuesto bajo la iluminación de la luz de Dios, y descubrirá que no era más que la vida carnal, la cual está contaminada y es corrupta y vil. La luz le pone fin a esta vida. Esto es lo que significa Peniel. Dios le muestra a usted que las mismas cosas que una vez fueron motivo de jactancia y admiración, y que lo distinguían de los demás, eran expresiones de la vida carnal. Cuando Dios toca su vida a ese grado, se vuelve débil. Esto es Peniel.

Es necesario que el Señor elimine la fuerza natural de uno. Antes de recibir la luz, uno piensa que esta fuerza es algo formidable y digno de admiración. Hermanos y hermanas, cuídense de la jactancia. La fuerza de la vida natural de muchos cristianos está escondida en la jactancia. Es difícil encontrar un cristiano cuya vida natural no esté acechando detrás de su jactancia. Esta es la razón por la cual es necesario cuidarse de la vanagloria. Aquellas cosas que son motivo de jactancia, usualmente son las mismas que Dios quita de en medio. Estas cosas quizá sean el encaje del muslo. Dios lo iluminará a usted y tocará el encaje de su muslo. Cuando El toque esta área, usted se sentirá avergonzado y dirá: "¿Cómo pude haber hecho de mi mayor vergüenza mi gloria?" Todos los que conocen algo de la experiencia de Peniel pueden testificar que cuando Dios toca el encaje del muslo, no sólo quedan débiles, sino que también son avergonzados. Ellos exclaman: "¿Cómo pude ser tan insensato al pensar que esto y aquello era bueno, cuando en verdad era algo vergonzoso?" Consideran delante del Señor que son las personas más desagradables. Hermanos y hermanas, una vez que Dios los toque, verán que todo lo que hicieron antes era horrendo. Se preguntarán cómo pudieron haber considerado tales cosas como su gloria y sus virtudes, y cómo pudieron haber considerado que otros eran inferiores a ustedes. Cuando esto ocurra, Dios habrá hecho una obra.

En el idioma original, *Peniel* significa "el rostro de Dios". El rostro de Dios equivale a la luz de Dios. En esa ocasión, Dios usó Su mano para tocar el encaje del muslo de Jacob; hoy El usa Su luz para tocar nuestra vida natural. Una vez que la luz de Dios nos ilumina, comprendemos que las cosas que una vez consideramos buenas, gloriosas y sobresalientes no son más que cosas vergonzosas y necedades. Esta luz nos dará un golpe mortal y extinguirá toda nuestra fuerza.

Hermanos y hermanas, un día tendremos que pasar por Peniel. Dios debe tocar nuestra vida natural antes de que seamos personas útiles en Su mano. El día vendrá cuando pasaremos por tal experiencia. Por supuesto, no podemos apresurar ese día con preocuparnos, pero podemos entregarnos al fiel Creador y pedirle que obre en nuestras circunstancias y nos guíe a comprender que nuestra jactancia es simplemente nuestra vergüenza e insensatez. Que el Señor tenga misericordia de nosotros y nos dé luz para que Su obra se cumpla en nosotros mediante la iluminación de Peniel, el rostro de Dios.

El quebrantamiento de la vida natural sin fingimiento

La vida natural tiene que ser quebrantada; sin embargo, no tenemos que fingir. Ser cristiano no es imitar ni es pretender ser algo que no somos. Si somos adultos, espontáneamente tendremos el aspecto de adultos, y si somos niños, el de niños. Lo mismo se aplica a la obra de Dios. El es el que toca nuestra vida natural y elimina su fuerza. Como resultado, se nos hace imposible actuar por nuestra cuenta. Debemos permitirle al Espíritu Santo que manifieste a Cristo en nosotros. No queremos ser naturales, pero tampoco queremos aparentar ser algo que no somos. Es bastante desagradable que un hijo de Dios aparente ser espiritual; esto impide que su vida natural sea quebrantada. Muchos cristianos aparentan ser humildes. Cuanto más aparentan ser humildes, más incómodos hacen sentir a los demás. A muchos cristianos, tal vez hablar de cosas mundanas les convenga más, ya que por lo menos serían más auténticos. Pero en el momento que comienzan a hablar de lo espiritual, los demás no pueden evitar orar: "Señor, ten misericordia de él. Está hablando cosas vacías". Muchos cristianos aparentan mansedumbre, pero uno no puede hacer otra cosa que orar: "Señor, perdona la mansedumbre de esta persona; no sabemos de dónde viene". Nada entorpece más la vida cristiana que las apariencias. No debemos aparentar sino ser genuinos. Si queremos sonreír, debemos sonreír; si queremos reírnos, hagámoslo. No tenemos que fingir. El Señor quebranta la vida natural mediante la obra del Espíritu Santo. Nunca debemos exhortar a otros a ser lo que no son. Si una persona es humilde, expresará humildad espontáneamente. Si la humildad de una persona es sólo una apariencia, aquello no tendrá ningún valor. Si un cristiano se jacta de ser espiritual, dificultará aún más el quebrantamiento de su vida natural. Dios no necesita esta clase de persona, porque su simulacro estorba la obra de Dios.

Hubo un hermano en el siglo pasado, que fue usado grandemente por el Señor. Un día se hospedó en una casa a la cual una hermana joven también fue invitada. La hermana se sorprendió al ver a este hermano allí. Se preguntaba si este hermano le untaría mantequilla al pan. Ella pensaba que una persona espiritual sería diferente a las demás. Pero para su desilusión, el hermano no hizo lo que ella esperaba de una persona espiritual. El se mostró como un hombre normal. Ella se desilusionó de que él fuera un simple hombre. Observó que él untaba mantequilla al pan como todos los demás y que charlaba mientras comía. No vio mucha diferencia en él. Se preguntaba por qué un hombre tan espiritual era como los demás. No se daba cuenta de que la diferencia entre él y otros no yacía en comer pan con mantequilla ni en restringirse de conversar durante la comida, sino en el conocimiento especial que tenía de Dios. La característica especial de este hombre era su experiencia en la vida de Dios.

No debemos pensar que el quebrantamiento del hombre natural consiste en aparentar ser una persona diferente, que no se encuentra ni el cielo ni en la tierra. No necesitamos aparentar ni imitar. Dios es el que toca nuestra vida natural y el que nos disciplina. El quebranta el centro de nuestra energía natural, nos despoja de nuestros propios métodos para que no sigamos luchando. Peniel es la obra de Dios, no algo que nosotros producimos. El Señor quiere que seamos auténticos. No debemos luchar por ser genuinos ni "actuar" como si lo fuéramos. Cierta hermana aparentaba ser muy sincera ante los demás. Pero mientras se mostraba "auténtica", decía en su corazón: "Vean cuán sincera soy". Esta clase de autenticidad no tiene ningún valor delante del Señor. Ella simulaba sinceridad; era una especie de autenticidad para su propia vanagloria. Recordemos que la vida natural no será tocada si tratamos de aparentar lo que no somos. Sólo Dios puede quebrantar nuestra vida natural; nosotros no podemos. Necesitamos ser libres de las apariencias. Debemos ser lo que somos. Será Dios quien quebrante nuestra vida natural. Hermanos y hermanas, debemos comprender con claridad que hay una gran diferencia entre lo que proviene de nosotros mismos y lo que proviene de Dios. Sólo lo que proviene de Dios cuenta, pero lo que proviene de nosotros no tiene ningún valor. Todo lo que proviene de nosotros mismos sólo nos lleva a las apariencias. Solamente lo que proviene de Dios nos convertirá en Israel.

Una señal: estar cojo

Dios tocó a Jacob en el encaje del muslo en Peniel, y lo dejó cojo. Muchos cristianos han experimentado esto. Pero cuando les sucede, no comprenden lo que significa. Después de algunos meses o años es posible que Dios les muestre que El estaba quebrantando su vida natural. Entonces comprenden que pasaron por tal experiencia. No piensen que por el simple hecho de ser destacados en la oración, su vida natural ha sido quebrantada por el Señor. Nuestra experiencia nos dice que no sabemos cuando Dios quebranta nuestra vida natural. Pero una cosa sí sabemos: cuando el Señor nos toca, dejamos de ser tan libres en nuestro andar y no nos sentimos tan cómodos como antes; se verá una marca definida en nosotros: seremos cojos. Ser cojos es una señal de que Dios tocó nuestra vida natural. No se trata de que testifiquemos en cierta reunión que Dios tocó nuestra vida natural en alguna fecha, sino que nuestra pierna quede coja cuando pasemos por cierta experiencia espiritual. Anteriormente, cuanto más maquinábamos, más lo disfrutábamos. Pero después de ser tocados, algo titubeará en nuestro ser cuando volvamos a fraguar planes. Ya no podemos seguir urdiendo tramas, pues al momento de intentarlo, perdemos la paz. Antes hablábamos con mucha facilidad de esto y de aquello; usábamos palabras rebuscadas y expresiones rimbombantes. Pero ahora antes de proferirlas, sentimos que nos incomodan. Ya no podemos ser tan desinhibidos como antes. Antes éramos sagaces e ingeniosos; sabíamos cómo desenvolvernos frente a diferentes clases de personas, y no necesitábamos confiar en Dios. Pero después de que Dios toca nuestra vida natural, cuando intentamos suplantar a otros, sentimos que algo dentro de nosotros se desvanece y decae. Con esto no estamos diciendo que no debamos conducirnos sabiamente. Muchas veces Dios nos guiará a hacer cosas sabias. Pero si procuramos utilizar nuestros métodos, sentiremos que algo se esfuma en nuestro interior. Nos sentiremos de esta manera aun antes de iniciar cualquier acción. Esto significa que el encaje de nuestro muslo ha sido tocado.

Los que han pasado por la disciplina de Dios conocen la diferencia entre la fuerza natural y el poder espiritual. Después de que la persona es completamente despojada de su fuerza natural, siente temor de que ésta reaparezca, cada vez que obra para el Señor. Sabemos que al usar cierto lenguaje obtendremos cierto resultado, pero tememos a dicho resultado. Si procedemos en conformidad con nuestra fuerza natural, nos sentiremos fríos y algo dentro de nosotros se rehusará a seguir. Esto es lo que significa cojear.

Existen diferentes grados en la experiencia que la persona tiene con Dios. A algunos Dios los toca haciendo que su conciencia se incomode. A otros los quebranta por completo; los toca en el tendón del encaje del muslo. Estas personas son verdaderamente cojas. Es necesario que Dios haga una obra completa en nosotros hasta dejarnos marcados por la cojera por el resto de nuestra vida. Después de quedar cojos, algo nos herirá e impedirá cada vez que intentemos tomar la iniciativa en algo. Esta es la marca que deja el toque de Dios.

Jacob se abraza a Dios

El encaje del muslo de Jacob fue dislocado cuando él luchaba con Dios. Pero vemos algo sorprendente en el versículo 26: "Y dijo: Déjame, porque raya el alba. Y Jacob le respondió: No te dejaré, si no me bendices". Desde nuestro punto de vista, el encaje del muslo de Jacob ya había sido dislocado, y toda su fuerza se le había agotado. ¿Cómo pudo decirle a Dios: "No te dejaré"? Sin embargo, el varón le dijo: "Déjame, porque raya el alba". Esto muestra que cuando el encaje de nuestro muslo es tocado, nos aferramos a Dios con más fuerza. Cuando ya no podemos hacer nada, nos volvemos a Dios y nos asimos a El. Cuando somos débiles, somos más fuertes, y cuando cojeamos, más le decimos a Dios: "No te dejaré". Aunque esto parece imposible, es un hecho. Cuando nuestra fuerza se ha ido, más fácilmente nos asimos a Dios. Cuando se ha ido nuestra fuerza, nos asimos verdaderamente a Dios. Los que se aferran a Dios no necesitan su propia fuerza. La fe que produce resultados es más pequeña que una semilla de mostaza. Una fe tan pequeña como una semilla de mostaza puede mover montañas (Mt. 17:20). Muchas veces, las oraciones fervientes y la fe son simplemente fervor, y no producen ningún resultado. Pero en muchas ocasiones, cuando nos sentimos sin fuerzas para buscar a Dios, cuando ni siquiera podemos orar ni pedirle nada, cuando sentimos que no tenemos fe, es cuando más creemos. Lo asombroso es que esta fe frágil y pequeña produce resultados. Cuando Jacob era tan fuerte, era inútil en las manos del Señor, pero cuando el encaje de su muslo fue tocado, fue asido por Dios.

Dios bendijo a Jacob diciendo: "No se dirá más tu nombre Jacob, sino Israel" (Gn. 32:28). *Israel* significa "reinar o gobernar con Dios". En esa ocasión la vida de Jacob dio un giro completo. La experiencia de Peniel nos muestra que Jacob fue derrotado por la mano de Dios; el tendón del encaje de su muslo fue tocado, y quedó cojo por el resto de su vida. Sin embargo, después de esto Dios dijo: "Has luchado con Dios y con los hombres, y has vencido". Esta es la verdadera victoria. Cuando somos derrotados por Dios, es cuando verdaderamente prevalecemos y dejamos de confiar en nosotros mismos. Debemos estar conscientes de que cada vez que nos sintamos incapaces de seguir adelante, en ese momento hemos vencido.

Jacob no conocía el nombre de Dios

Leamos el versículo 29: "Entonces Jacob le preguntó, y dijo: Declárame ahora tu nombre. Y el varón respondió: ¿Por qué me preguntas por mi nombre? Y lo bendijo allí". Jacob quería saber quién era el varón y cuál era su nombre. Pero el varón no le dio a conocer su nombre; se lo diría solamente cuando Jacob llegara a Bet-el (35:10-11). Jacob no conocía al varón ni supo cuándo llegó ni cuándo se fue. Lo único que supo fue que su nombre había sido cambiado por Israel; no supo quién era ese varón. Aquellos a quienes Dios ha tocado en el encaje del muslo, no entienden claramente lo que han experimentado. Esto es algo que todos necesitamos comprender.

Un hermano después de oír la historia de Jacob en Peniel, dijo: "El viernes pasado, Dios tocó el encaje de mi muslo, y quebrantó mi fuerza natural". Otro hermano le preguntó: "¿Qué ocurrió?" El primero respondió: "Ese día Dios abrió mis ojos, y yo quedé terminado. Me sentí muy feliz y le di gracias al Señor grandemente por haber tocado el encaje de mi muslo". Es dudoso que uno pueda entender tan claramente su propia experiencia. La historia de Jacob nos muestra que cuando su vida natural fue tocada, él no entendía claramente lo que había ocurrido. Si Dios en verdad toca nuestra vida natural, es muy probable que no lo entendamos en ese mismo momento, sino después de varias semanas o meses. Algunos hermanos no saben lo que les pasó cuando su vida natural fue quebrantada. Lo que sí saben es que ya no se atreven a obrar, ni son tan hábiles, fuertes y astutos como antes. Anteriormente eran muy seguros, pero ahora su seguridad se ha esfumado. Un día, al volverse a la Palabra de Dios, se dan cuenta que Dios tocó la vida natural de ellos.

Por consiguiente, no debemos estar pendientes de tal experiencia. Si centramos nuestra atención en esa experiencia, quizá esperemos años sin obtenerla. Dios no dejará que pongamos nuestra mirada en la experiencia; El desea que pongamos nuestra mirada en El. Los que buscan experimentar algo, no lo conseguirán, pero los que buscan a Dios experimentarán el quebrantamiento. Muchas personas son salvas sin darse cuenta. De la misma manera, la vida natural de muchos cristianos es tocada sin que ellos lo perciban. Esta fue la experiencia de Jacob. El no entendió claramente al principio. Sólo sabía que en aquel día se había encontrado con Dios y lo había visto cara a cara.

Quienes han pasado por la experiencia de Peniel, no podrán explicar claramente la doctrina de dicha experiencia. Lo único que saben es que tuvieron un encuentro con Dios y que quedaron cojos. Sólo pueden decir que ya no son tan fuertes como antes, ni tienen la confianza en sí mismos que tenían antes. Cada vez que intentan planear ardides o artimañas, descubren que ya no pueden hacerlo. Cuando intentan demostrar su habilidad, algo los detiene. La prueba de que el encaje del muslo ha sido tocado es el cojear. Uno no queda cojo por gritar que está cojo. Si una persona sigue conduciéndose confiadamente, hablando con sutileza, actuando independientemente, defendiendo sus propuestas y no espera en Dios ni lo busca cuando ocurren ciertas cosas, tal persona no está coja y no ha sido tocada por Dios. Jacob no conocía el nombre de Dios; lo único que sabía era que había quedado marcado con la cojera. ¿Qué significa quedar cojo? Significa que uno ya no vive por sus propios medios ni confía en sí mismo, ni cree en sus capacidades. Uno ya no se atreve a considerarse astuto ni hábil, ni intenta tramar ardides. Lo único que puede hacer es esperar en Dios y confiar en El. Una persona así se conduce con temor y temblor y se considera débil. Esto es lo que significa quedar cojo por haber recibido un golpe en el tendón del encaje del muslo. No es necesario pasar tiempo examinando cuándo y cómo ocurrirá esto. Lo que debemos hacer es esperar en el Señor y creer que un día, cuando menos lo esperemos, el tendón del encaje de nuestro muslo será tocado.

No obstante, la experiencia de Peniel no es completa. Peniel significa que Dios comienza algo. Fue ahí que Dios le dijo a Jacob por primera vez que su nombre sería Israel. Después de la experiencia de Peniel, es difícil detectar a Israel en Jacob. Todavía seguimos viendo a Jacob. En Peniel Jacob sólo se dio cuenta de que su nombre sería llamado Israel, pero no conoció el nombre de Dios. Jacob sólo supo quién era Dios al llegar a Génesis 35. Por consiguiente, Peniel sólo representa un viraje. El complemento se encuentra cuando llegamos a Bet-el. Se requería más tiempo para que Dios completara Su obra en Jacob.

LA CONDUCTA PASADA PERSISTE

Jacob quedó cojo después de la experiencia que tuvo en Peniel, pero seguía sin entender lo que había experimentado. A la mañana siguiente, continuó actuando según su plan original.

Muchas personas critican y juzgan a Jacob. Piensan que ya que Dios lo había tocado, debió detener toda actividad. Creen que por haber experimentado Jacob el toque de Dios, todos los problemas quedarían resueltos. Sólo los que no se conocen a sí mismos pueden pensar tal cosa. Se imaginan que en un instante todo se aclara y todos los problemas quedan resueltos. En realidad, las cosas no son tan sencillas. Debemos comprender que la experiencia no es el cumplimiento de un sueño. Jacob no podía convertirse en Israel en un instante. Puesto que ya había hecho todos los preparativos el día anterior, él llevó a cabo su plan como lo había planeado. Pero debemos entender que después de que Dios tocó el encaje de su muslo, él era diferente, lo cual notamos en su encuentro con Esaú. Vemos que Jacob comenzaba a experimentar un cambio.

Leamos Génesis 33:1-3: "Alzando Jacob sus ojos, miró, y he aquí venía Esaú, y los cuatrocientos hombres con él; entonces repartió él los niños entre Lea y Raquel y las dos siervas. Y puso las siervas y sus niños delante, luego a Lea y sus niños, y a Raquel y a José los últimos. Y él pasó delante de ellos y se inclinó a tierra siete veces, hasta que llegó a su hermano". Jacob seguía siendo tan sagaz como antes.

Inclusive se inclinó a tierra siete veces delante de su hermano. El versículo 4 dice: "Pero Esaú corrió a su encuentro y le abrazó, y se echó sobre su cuello, y le besó; y lloraron". Jacob no pensó que sus tramas sobraran ni que sus planes fueran innecesarios. La protección de Dios era una realidad. Con un poco de fe se habría evitado tanta molestia y tanto temor. Esaú no intentó matarlo; por el contrario, venía a darle la bienvenida. El abrazó a Jacob, se echó sobre su cuello y lo besó. ¡Toda la astucia y los planes de Jacob fueron inútiles! Jacob había llorado cuando dejó a su hermano y también cuando conoció a Raquel. Ahora, al regresar y volverse a encontrar con Esaú, lloró de nuevo. Hay personas que lloran porque espontáneamente les brota, pero Jacob era una persona ingeniosa; no lloraba con facilidad. Sin embargo, cuando vio a su hermano, lloró. Esta era una rara ocasión, que indica que la experiencia de Peniel había ablandado a Jacob.

Los versículos del 6 al 8 dicen: "Luego vinieron las siervas, ellas y sus niños, y se inclinaron. Y vino Lea con sus niños, y se inclinaron; y después llegó José y Raquel, y también se inclinaron. Y Esaú dijo: ¿Qué te propones con todos estos grupos que he encontrado? Y Jacob respondió: El hallar gracia en los ojos de mi señor". Jacob seguía dando el discurso que había preparado el día anterior, en el cual decidió dirigirse a Esaú como "mi señor". Así que, según lo había planeado, se dirige a Esaú como "mi señor". Dios puede quebrantar la vida natural de una persona y despojarla de su fuerza, pero el cambio en la conducta puede tomar varias semanas o inclusive meses.

Los versículos 9 y 10 dicen: "Y dijo Esaú: Suficiente tengo yo, hermano, mío; sea para ti lo que es tuyo. Y dijo Jacob: No, yo te ruego; si he hallado ahora gracia en tus ojos, acepta mi presente, porque he visto tu rostro, como si hubiera visto el rostro de Dios, pues que con tanto favor me has recibido". No debemos considerar estas palabras como un engaño de Jacob. El dijo: "Porque he visto tu rostro, como si hubiera visto el rostro de Dios". Jacob no estaba tratando de mostrarse humilde al decir esto. Sus palabras tenían un profundo significado. Ver el rostro de Esaú era como enfrentarse a

Peniel. ¿Qué significa esto? Significa que cuando uno ve el rostro de aquellos a quienes ha ofendido y contra quienes ha pecado, uno ve el rostro de Dios. Cada vez que nos encontramos con ellos, vemos a Dios. Al encontrarnos con las personas a las que hemos ofendido nos encontramos con un tribunal. Si le debemos algo a una persona, o si la hemos maltratado o hecho daño y no hemos restituido el daño, veremos a Dios cada vez que nos encontremos con ella. Ella llegará a ser tan temible como Dios. Cada vez que veamos su rostro, Dios vendrá a nuestra memoria, y cada vez que nos encontremos con ella, nos encontraremos con un tribunal. Jacob estaba declarando un hecho válido. Para Jacob, ver el rostro de Esaú ciertamente era "como si hubiera visto el rostro de Dios".

JACOB REGRESA A CANAAN

Esaú volvió a Seir, y Jacob tomó su camino a Sucot. "Después Jacob llegó sano y salvo a la ciudad de Siquem, que está en la tierra de Canaán, cuando venía de Padan-aram; y acampó delante de la ciudad" (v. 18).

Permanece en Siquem

Dios quería que Jacob volviera a la tierra de sus padres, pero él permaneció en Siquem. Siquem era solamente la primera parada del camino a Canaán; no obstante, Jacob se radicó allí. Primero, edificó una casa en Sucot (v. 17). Luego compró una parte del campo, plantó su tienda y erigió un altar en Siquem, y lo llamó "El-Elohe-Israel", que significa "Dios, el Dios de Israel" (vs. 19-20). Todavía no llegaba a Bet-el ni a Hebrón; sólo había llegado a Siquem y se había quedado ahí. Jacob no sólo moró ahí, sino que también compró una parte del campo. Esto muestra que él no era suficientemente fuerte y que no había aprendido la lección como debía. No había llegado a la etapa de la perfección. Dios lo quebrantó gradualmente. Este quebrantamiento y la obra constitutiva del Espíritu Santo se llevaron a cabo paso a paso.

Aunque no estaba bien que Jacob permaneciera en Siquem, no obstante, edificó un altar ahí, invocó el nombre de Dios y proclamó que Dios era el Dios de Israel. Esto manifestaba un progreso. Ahora Dios no sólo era el Dios de Abraham y el Dios de Isaac, sino también "El-Elohe-Israel". "El" quiere decir Dios, y "Elohe" también. El significado de la expresión completa es "El Dios de Israel ciertamente es Dios" o "Dios es ciertamente el Dios de Israel". Ahora podía expresar esto. Sin duda alguna, había progresado delante del Señor.

En el capítulo treinta y cuatro, la hija de Jacob es deshonrada en la tierra, y dos de sus hijos mataron a Siquem y a todos los varones de la ciudad. Esto puso a Jacob en una situación muy difícil. Fue entonces que Dios lo llamó a ir a Bet-el (35:1). Dios lo disciplinó y luego lo guió. Jacob deseaba vivir en Siquem pero Dios no lo dejaría quedarse ahí por mucho tiempo.

Como ya dijimos, Abraham vivió en tres lugares diferentes en Canaán: Siquem, Bet-el y Hebrón. En ellos él edificó altares. Estos tres sitios tienen todas las características de Canaán; de hecho, representan la tierra de Canaán. Después de Peniel, Dios llevaría a Jacob por la misma senda de Abraham: primero a Siquem, luego a Bet-el y, finalmente, a Hebrón. Abraham había pasado por estos tres lugares, y Dios guió a Jacob por estos tres lugares también. Después de Peniel, Dios lo guió a Siquem y luego a Bet-el. Peniel y Bet-el se complementan el uno al otro. En Peniel Dios dijo: "No se dirá más tu nombre Jacob, sino Israel" (32:28), y en Bet-el también le dijo: "Tu nombre es Jacob; no se llamará más tu nombre Jacob, sino Israel" (35:10). En otras palabras, Peniel era el comienzo, y Bet-el era el complemento.

Sube a Bet-el

En Génesis 35:1 leemos: "Dijo Dios a Jacob: Levántate y sube a Bet-el, y quédate allí; y has allí un altar al Dios que te apareció cuando huías de tu hermano Esaú". Dios le dijo que subiera a Bet-el, un lugar que tocaba el corazón de Jacob de modo particular, pues fue ahí donde tuvo el sueño y donde Dios se le apareció. Como ya hemos dicho, Bet-el quiere decir la casa de Dios y representa la autoridad de Cristo sobre Su casa. También representa la vida corporativa, que es el Cuerpo de Cristo. En esta casa no debe haber contaminación, pecado ni nada contrario a la voluntad de Dios. Es por esto que Jacob, al subir a Bet-el, le dijo a su familia y a los que estaban con él: "Quitad los dioses ajenos que hay entre vosotros, y limpiaos, y mudad vuestros vestidos" (v. 2). En otras palabras, para poder subir a Bet-el tenían que abandonar todo lo que tuviera que ver con ídolos. En Siquem, Jacob enterró debajo de una encina los dioses ajenos y todos los zarcillos (v. 4). *Siquem* significa "la fuerza del hombro". En otras palabras, Cristo se encarga de nuestros ídolos y pecados y de todas las cosas que nosotros no podemos eliminar. El encino de Siquem denota las riquezas de Isaac; nos muestra que allí se le da fin a todo lo que nos es contrario. En Siquem, Cristo tiene el poder necesario para ponerle fin a todo esto. Su hombro es lo suficientemente fuerte como para cargar con todas las responsabilidades. Bet-el es la casa de Dios. En la casa de Dios sólo deben permanecer una conducta y una vida limpias; todas las cosas inmundas deben ser eliminadas antes de que subamos a Bet-el. Dios exige que tengamos una vida limpia tanto a nivel individual como a nivel corporativo. En Bet-el no se admiten cosas inmundas. El Cuerpo de Cristo es Cristo mismo, y sólo Cristo puede permanecer en Su Cuerpo; todo lo demás tiene que ser abandonado en Siquem.

El versículo 5 dice: "Y salieron". Una vez que Jacob confió en el poder del Señor e hizo a un lado todo lo que no glorificaba a Dios, emprendió su camino.

Los versículos 6 y 7 dicen: "Y llegó Jacob a Luz, que está en tierra de Canaán (esta es Bet-el), él y todo el pueblo que con él estaba. Y edificó allí un altar, y llamó al lugar El-Bet-el, porque allí le había aparecido Dios, cuando huía de su hermano". En aquel momento, Jacob dio un paso más. En Siquem le dio al lugar el nombre de "El-Elohe-Israel". Aquí lo llamó "El-Bet-el". En Siquem él se dirigió a Dios como el Dios de Israel y aquí, como el Dios de Bet-el. Jacob pasó de la experiencia individual a la corporativa. En Siquem conoció a Dios como el Dios de Israel. Cuando llegó a Bet-el, conoció a Dios como el Dios de Su casa. En Bet-el, comprendió que el vaso que el Dios busca tener es una casa, un vaso corporativo. Dios no sólo era Dios de Jacob, sino también de toda Su casa. Jacob había sido conducido a un lugar más amplio.

Agradecemos y alabamos al Señor porque El no está acumulando piedras, sino que está edificando una casa que lo exprese. Para que se cumpla la meta de Dios, es necesario el testimonio corporativo. Los individuos, por muchos que sean, no pueden satisfacer el corazón de Dios. Dios necesita un vaso corporativo para cumplir Su propósito y satisfacer Su corazón. Nuestro Dios es el Dios de Bet-el, el Dios de la iglesia.

Aquí Dios se aparece a Jacob en Bet-el por segunda vez. Esta aparición fue diferente de la primera. La primera vez Dios se le apareció en un sueño. Esta vez se le apareció en persona. Leamos los versículos 9 al 10: "Apareció otra vez Dios a Jacob, cuando había vuelto de Padan-aram, y le bendijo. Y le dijo Dios: Tu nombre es Jacob; no se llamará más tu nombre Jacob, sino Israel será tu nombre; y llamó su nombre Israel". En Peniel Dios comenzó a cambiar el nombre de Jacob por Israel, pero fue en Bet-el que se llevó a cabo el cambio. Lo que comenzó en Peniel se cumplió en la casa de Dios. En Peniel Dios quitó de en medio la vida natural de Jacob, actuó en él y le dio un golpe mortal. Después de la experiencia de Peniel, sólo quedaban vestigios de su vida natural; ya no era tan fuerte como antes. Lo que se había comenzado cuando él fue iluminado en Peniel, al llegar a Bet-el, la casa de Dios, fue perfeccionado. El quebrantamiento de la vida natural a nivel individual, es el punto de partida de Israel, mientras que el conocimiento que se obtiene del Cuerpo de Cristo en la casa de Dios es la perfección de Israel. La experiencia de Peniel comienza con la iluminación y el despojo de la vida natural, y concluye con Bet-el, la casa de Dios.

Dios le dijo a Jacob: "Yo soy el Dios omnipotente" (v. 11). Jacob oyó aquí lo que no oyó en Peniel. En Peniel fue él quien preguntó por el nombre de Dios, mas Dios no le quiso responder. Aquí Dios le dice Su nombre. "¡Yo soy el Dios omnipotente!" Este nombre fue uno de los nombres que Dios había revelado a Abraham cuando se le apareció (17:1). Al decirle esto a Jacob, Dios quería que viera no sólo su propia impotencia, sino la omnipotencia de Dios. No sólo debemos conocer nuestra pobreza, sino que además debemos conocer

Sus riquezas. “También le dijo Dios: Yo soy el Dios omnipotente: crece y multiplícate; una nación y conjunto de naciones procederán de ti, y reyes saldrán de tus lomos. La tierra que he dado a Abraham y a Isaac, la daré a ti, y a tu descendencia después de ti daré la tierra” (35:11-12). Esto muestra que Dios había obtenido un nuevo vaso en Jacob. Ahora tenía un pueblo en la tierra que podía cumplir Su propósito. Después de decir esto, Dios se apartó de él (v. 13). En su encuentro anterior con Dios, Jacob erigió una piedra por columna, derramó aceite sobre ella y llamó el nombre del lugar “la casa de Dios”. En aquella ocasión, tuvo miedo y sintió que el lugar era terrible. Al encontrarse de nuevo con Dios, Jacob vuelve a erigir una piedra y también derrama aceite sobre ella como una libación (v. 14). Una libación es una ofrenda de vino; que en la Biblia indica gozo. Jacob ya no sentía temor sino gozo. Anteriormente, se sintió aterrorizado cuando se encontró con Dios; pero ahora estaba gozoso. Esto nos muestra que al ser salvos, nuestra alabanza al Señor tiene cierto sabor, y cuando Dios pone fin a nuestra carne, el sabor de la alabanza es otro; algo que uno nunca puede experimentar sin pasar por dicha experiencia.

Mora en Hebrón

Leemos en el versículo 16: “Después partieron de Bet-el”. El versículo 27 añade: “Después vino Jacob a Isaac su padre a Mamre, a la ciudad de Arba, que es Hebrón, donde habitaron Abraham e Isaac”. Una vez que Jacob llegó a Hebrón, Dios había perfeccionado Su obra en él. Desde entonces, habitó en Hebrón, el lugar donde habían morado Abraham e Isaac. Hebrón significa “permanecer en la comunión”. Esta comunión no sólo era una comunión con Dios, sino también con los demás miembros del Cuerpo de Cristo.

Bet-el no era la morada fija de Jacob, sino Hebrón, pues ésta fue la habitación permanente de Abraham, Isaac y Jacob. Esto indica que necesitamos conocer a Bet-el como la casa de Dios y también a Siquem como el poder de Dios. Aún así, no vivimos en el conocimiento de la casa de Dios, sino en la comunión que se halla en ella.

De ahí en adelante, Jacob comprendió que no podía hacer nada por su propia cuenta; tenía que hacerlo todo en comunión, y no podía hacer nada fuera de ella. Si Dios no le pone fin a nuestra carne, nunca comprenderemos la importancia de la comunión. Muchos cristianos dan la impresión de que no necesitan tener comunión con Dios ni con los demás hijos de Dios. Ellos son así principalmente porque su carne no ha sido quebrantada. La carne necesita ser quebrantada por Dios, y nosotros necesitamos conocer la vida de Bet-el para entender que no podemos vivir fuera de Hebrón ni podemos sobrevivir sin la comunión. La comunión de la que hablamos es el suministro de la vida de Cristo que recibimos de los demás miembros. Cuando otros hermanos y hermanas nos suministran el Cristo que mora en ellos, y nosotros avanzamos por medio de este suministro, experimentamos a Hebrón y, por ende, la comunión. Los hijos de Dios necesitan experimentar esto.

Si los hijos de Dios no han experimentado el quebrantamiento de su carne, no pueden conocer la vida del Cuerpo de Cristo. Es posible que conozcan la doctrina del Cuerpo de Cristo y que la puedan exponer claramente, pero si su carne no es quebrantada, no conocerán la vida del Cuerpo. Una vez que su carne llega a su fin, perciben la vida del Cuerpo de Cristo; ven la importancia de la comunión y no pueden vivir sin ella; se dan cuenta de que es imposible ser cristiano sin estar en comunión con los demás hijos de Dios y no pueden recibir el suministro de vida aparte de los hijos de Dios. Hermanos y hermanas, el Cuerpo de Cristo es una realidad, no una doctrina. No podemos vivir sin Cristo, y tampoco podemos vivir sin los demás cristianos.

Pidámosle a Dios que nos muestre que no podemos ser cristianos por nuestro propio esfuerzo. Debemos vivir en comunión con Dios y con el Cuerpo de Cristo. Que Dios nos lleve adelante para que verdaderamente glorifiquemos Su nombre. Que Dios obtenga un vaso no sólo en Jacob, sino también en todos nosotros.

CAPITULO ONCE

LA MADUREZ DE JACOB

Lectura bíblica: Gn. 37; 42—49

Jacob comenzó a reconocer su propia debilidad y sufrió un cambio paulatino, después de ser disciplinado por Dios en Peniel. Gradualmente vio el camino que debía seguir: pasó por Siquem, subió a Bet-el y por último habitó en Hebrón. Sin embargo, esto no significa que Jacob ya no necesitara que Dios lo quebrantara después de lo que experimentó en Peniel. La Biblia nos muestra que después de Peniel, Jacob recibió aún más disciplina que antes. Podemos decir que Jacob era una persona asediada por el sufrimiento. De Siquem a Bet-el y de Bet-el a Hebrón, Jacob experimentó muchos padecimientos. Veamos algunos de ellos.

En Siquem Jacob se enfrentó a una situación muy difícil. Su hija fue deshonrada por Siquem, hijo de Hamor heveo, príncipe de aquella tierra. Entonces los hijos de Jacob planearon matar a Siquem y a todos los varones de la ciudad. Este asunto turbó a Jacob en gran manera. Leamos Génesis 34:30: "Entonces dijo Jacob a Simeón y a Leví: Me habéis turbado con hacerme abominable a los moradores de esta tierra, el cananeo y el ferezeo; y teniendo yo pocos hombres, se juntarán contra mí y me atacarán, y seré destruido yo y mi casa". Jacob estaba muy preocupado de que los moradores de la tierra de Siquem se levantaran para vengarse y lo destruyeran a él y a toda su familia. Esta fue la crisis que enfrentó a Jacob en Siquem.

En el capítulo treinta y cinco, Jacob sube a Bet-el y se encuentra con otro incidente: "Murió Débora, ama de Rebeca" (v. 8). El ya no vería a su madre, pero la nodriza le habría servido de consuelo. No esperaba que ella también muriera. Las Escrituras narran que "fue sepultada al pie de Bet-el, debajo de una encina, la cual fue llamada Alón-bacut". En el idioma original *Alón-bacut* significa "la encina del llanto". En esto podemos ver un destello del dolor y la tristeza de Jacob en aquel momento.

Jacob partió de Bet-el y antes de llegar a Efrata, afrontó un incidente aún más doloroso: "Dio a luz Raquel, y hubo trabajo en su parto ... Y aconteció que al salírsele el alma (pues murió), llamó su nombre Benoni; mas su padre lo llamó Benjamín. Así murió Raquel, y fue sepultada en el camino de Efrata, la cual es Belén. Y levantó Jacob un pilar sobre su sepultura; esta es la señal de la sepultura de Raquel hasta hoy" (vs. 16-20). La esposa a quien Jacob amaba tanto murió en el camino. La señal que él levantó sobre la tumba de Raquel hablaba de su triste historia.

Mientras moraba en Edar, Jacob tuvo otra experiencia dolorosa. Rubén, su hijo, durmió con Bilha, concubina de Jacob (v. 22). Esto también le causó sufrimiento a Jacob.

Después de pasar por todos estos incidentes, Jacob llegó a Hebrón donde moraba Isaac su padre. La Biblia no menciona a Rebeca la madre de Jacob en este pasaje; quizás ya había muerto. Esta era la disciplina severa con la que Dios quebrantaba a Jacob. Su madre lo había amado siempre. Ella le había ayudado a hurtar la bendición que su hermano Esaú debía recibir. Pero la madre que lo había amado tan tiernamente ya no estaba. Indudablemente Jacob experimentó muchos sufrimientos.

Con esto concluye nuestro estudio de la tercera etapa de la historia de Jacob. En la primera etapa de su historia, vimos su carácter; en la segunda, vimos las pruebas y la disciplina que sufrió; en la tercera, vimos que Dios no sólo lo disciplinó, sino que también quebrantó su persona y su vida natural. Aun después de que su vida natural fue completamente quebrantada, vemos que Dios seguía disciplinándolo. Dios lo hizo pasar por todo esto con el propósito de crear en él un carácter sólido que no poseía antes.

La sección que se extiende del capítulo treinta y siete al final de la vejez de Jacob puede considerarse como la cuarta sección de su historia. También podemos decir que éste fue el período de madurez de Jacob, la etapa de más esplendor en toda su vida. Proverbios 4:18 dice: "Mas la senda de los justos es como la luz de la aurora, que va en aumento hasta que el día es perfecto". Jacob siguió brillando día tras día hasta el día de su muerte. Durante este período de casi cuarenta años, Jacob no logró mucho; sin embargo, fue transformado plenamente delante de Dios en un hombre lleno de gracia y amor.

La Biblia nos enseña que un cristiano no debe retroceder ni descender en experiencia al llegar a su vejez. Los tres apóstoles principales del Nuevo Testamento siguieron resplandeciendo día tras día hasta el día de su muerte. Pedro estaba cerca de su partida, o sea, de dejar su tabernáculo cuando escribió su segunda epístola. Sin embargo, siguió exhortando a los hermanos mientras todavía estaba en su tabernáculo terrenal. Les dijo específicamente que él había sido testigo ocular de la gloria y el poder del Señor. El esplendor con que Pedro brillaba nunca menguó. En cuanto a Pablo, él dijo: "Porque yo ya estoy siendo derramado en libación, y el tiempo de mi partida está cercano … y desde ahora me está guardada la corona de justicia, con la cual me recompensará el Señor, Juez justo, en aquel día" (2 Ti. 4:6-8). En estas palabras podemos ver que la esperanza que Pablo tenía para con el Señor brillaba intensamente. En el caso del apóstol Juan, quien en su vejez escribió su evangelio, sus epístolas y el libro de Apocalipsis, su fulgor se ve claramente. El evangelio que él escribió dice: "En el principio era el Verbo". Su primera epístola dice: "Lo que era desde el principio … tocante al Verbo de vida". El libro de Apocalipsis también dice: "Las cosas que has visto … y las que han de ser después de éstas". Las expresiones: "desde el principio" y "por los siglos de los siglos" nos muestran la extensión de los escritos de Juan; no se percibe ningún descenso en su vida ni aun en su vejez. Así que, nuestra vejez no debe constar de ser días de deterioro. La historia de la vejez de Salomón (1 R. 11:1-8) no debe ser la historia de nuestra vejez. Dios nos muestra que los días de nuestra vejez deben ser días de plenitud. Aunque David pecó, su fin fue mejor que su comienzo, pues murió haciendo los preparativos para la edificación del templo. Aunque Pedro negó al Señor tres veces, al final permaneció en el Señor.

Aunque Marcos se apartó de la obra en una ocasión debido a cierta dificultad (Hch. 13:13; 15:37-38), aun así, pudo escribir el Evangelio de Marcos y, finalmente, le fue útil a Pablo en el ministerio (2 Ti. 4:11). Las historias de estos hombres nos muestran que todos ellos terminaron muy bien los últimos días de sus vidas.

Volvamos al caso de Jacob. Al comienzo él era astuto y engañoso a lo sumo; pero al final fue transformado en una persona amorosa, útil en las manos de Dios. Si comparamos a Jacob con Isaac y con Abraham, tal vez digamos que el fin de Jacob fue mejor que el de Abraham y mucho mejor que el de Isaac. La manera en que Jacob resplandeció en sus últimos años fue asombrosa. Quizá pensemos que una persona como Jacob no tiene mucha esperanza y no vale la pena tratar de perfeccionarla. Aunque mejorara, pensaríamos que al final no sería de mucha utilidad en las manos de Dios. Pero al examinar los casos individualmente, el final de Abraham y de Isaac no fue tan notable como el de Jacob. Los últimos años de Abraham y de Isaac parecen ser un poco opacos, mientras que los de Jacob son resplandecientes y fructíferos. Dios pudo lograr en él, en las postrimerías de su vida, todo lo que no había hecho en sus primeros años. Examinemos algunos de los eventos ocurridos en los últimos años de la vida de Jacob.

UN JACOB SOSEGADO

Al comienzo de Génesis 37 Jacob se retrae, como si se jubilara. Antes de este tiempo, él se mantenía activo desde que se levantaba hasta que se acostaba. Tan pronto terminaba un asunto, empezaba otro. Jacob tipifica la fuerza de la carne. Nadie podía hacer que dejara de obrar ni de hablar. En Peniel Dios lo tocó, y en Bet-el lo perfeccionó. En Hebrón comienza a ponerse en un segundo plano. Al principio del capítulo treinta y siete, sólo en ocasiones salía de su encierro para decir algunas palabras o para hacer algo. La mayoría del tiempo se mantuvo relegado a un segundo plano. Se había vuelto una persona sosegada.

Si conocemos a Jacob, comprenderemos que por sus propios esfuerzos no hallaba reposo. Hay muchos cristianos así. Si uno les pide que descansen por un par de días, simplemente no pueden hacerlo; no son capaces de detenerse. Pero Jacob llegó a ser una persona sosegada en sus últimos años; dejó de ser activo en su vida natural. Esto era el fruto del Espíritu manifestado en Jacob. Esto no significa que después de ser quebrantada nuestra vida natural nos volveremos perezosos, ni que una persona que raras veces se esfuerza sea una que permanezca en Hebrón. Si pensamos que ser espiritual consiste en hacer muy poco o inclusive en no hacer nada, estamos muy equivocados. Cuando decimos que Jacob era sosegado, queremos decir que su energía natural había cesado. Jacob, después de volver a la casa de su padre y de habitar en Hebrón, se volvió sosegado y se mantenía en un segundo plano. La obra del Espíritu había prevalecido en Jacob.

La característica más sobresaliente de una persona cuya carne ha llegado a su fin es que en ella cesan las actividades carnales. Inclusive una persona tan enérgica como Jacob puede llegar a ser una persona sosegada e inactiva. No hay nada de qué maravillarse cuando una persona perezosa se hace a un lado. Puede ser que el Señor discipline a esta persona para que sea más activa. Pero Jacob era una persona que siempre estaba activa, siempre obtenía para sí el lugar había hecho prominente. Moverse a un segundo plano fue verdaderamente el resultado de la obra que Dios hizo en él.

Nosotros sabemos que Jacob era una persona astuta, sagaz y artificiosa. Una persona así por lo general no se interesa por los demás. Es difícil encontrar una persona artera que verdaderamente ame a los demás. Una persona que siempre está tramando contra los demás sólo tiene una meta: el lucro personal a expensas de los demás; solamente emprende lo que le traiga ganancia, y no hace nada que no le beneficie. Nunca se conduele de los demás ni les tiene consideración; es incapaz de amar. Jacob era una persona así. El sólo se preocupaba por sí mismo y no sabía amar a los demás. Hasta su amor por Raquel era egoísta. Aún así, Dios lo disciplinó. Después de salir de la casa de su padre, pasó por muchos sufrimientos y muchas dificultades. Al volver a la casa de su padre, aquellos a quienes amaba murieron uno por uno. Después su hija Dina fue deshonrada. Rubén, su hijo mayor, contaminó su lecho. Los sufrimientos que Jacob pasó fueron verdaderamente grandes. Para cuando se estableció en Hebrón, lo había perdido todo. Sin embargo, todos estos sufrimientos lo fueron madurando gradualmente. Ya no era activo, sino que se había convertido en una persona sosegada y que se mantenía en un segundo plano.

UN JACOB COMPASIVO

Jacob empezó a volverse compasivo. Cuando sus hijos apacentaban el rebaño lejos de la casa, envió a José para que viera cómo estaban. Aquí vemos que él era una persona ya mayor que amaba y cuidaba de sus hijos. Temía que tuvieran algún percance, y envió a José para que le informara cómo estaban sus hermanos. Jamás se le hubiera ocurrido que José sería vendido ni que sus hijos lo engañarían trayéndole la túnica de colores de José teñida de sangre. Génesis 37:33 dice: "Y él la reconoció, y dijo: La túnica de mi hijo es; alguna mala bestia lo devoró; José ha sido despedazado". Qué dolor tan grande habrá sido para un hombre ya viejo proferir las palabras: "José ha sido despedazado". Los siguientes versículos dicen: "Entonces Jacob rasgó sus vestidos, y puso cilicio sobre sus lomos, y guardó luto por su hijo muchos días. Y se levantaron todos sus hijos y todas sus hijas para consolarlo; mas él no quiso recibir consuelo, y dijo: Descenderé enlutado a mi hijo hasta el Seol. Y lo lloró su padre" (vs. 34-35). Paso a paso Dios fue despojando de todo a Jacob. Hasta José le fue quitado. La narración de los últimos versículos de Génesis 37 es verdaderamente conmovedora. Una vez más Jacob fue quebrantado y probado por la mano de Dios. Dios estaba haciendo de Jacob una persona llena de compasión y conmiseración.

UN JACOB TIERNO

Más tarde, José llegó a gobernar la casa de Faraón, el señor de toda la tierra de Egipto. Jacob, por su parte, se enfrentaba al hambre que predominaba en la tierra de Canaán. Al enfrentarse a esta calamidad, envió a sus hijos a Egipto a comprar trigo, mas no dejó ir a Benjamín, su hijo menor. Mientras sus hijos compraban víveres en Egipto,

José los reconoció y detuvo intencionalmente a Simeón. Les dijo que lo liberaría sólo si le traían a Benjamín. Cuando ellos volvieron a casa, le contaron a Jacob todo lo que les había acontecido, y éste les dijo: "Me habéis privado de mis hijos; José no parece, ni Simeón tampoco, y a Benjamín le llevaréis; contra mí son todas estas cosas" (Gn. 42:36). He aquí un Jacob tierno; ya no es el Jacob de antes, pues ahora vivía bajo la mano de Dios, y su vida natural se había ido consumiendo día tras día. Delante de Dios, él había sido transformado en una persona tierna y amorosa.

Cuando se acabó el trigo que habían comprado en Egipto, se vieron obligados a volver para comprara más, pero sólo podrían hacerlo si cumplían la condición que les había puesto el gobernador de Egipto: tenían que llevar consigo a Benjamín. Jacob no tuvo otra alternativa y dejó ir a su hijo menor, a quien más quería. La Biblia nos narra: "Entonces Israel su padre les respondió: Pues que así es, hacedlo..." (Gn. 43:11). Aquí la Biblia se refiere a Jacob como Israel. La expresión "pues que así es, hacedlo" indica que ahora él era una persona tierna; ya no era obstinado. Anteriormente, él hacía lo que quería, pero ya no. Sus palabras: "Pues que así es, hacedlo", indican que ahora Jacob era una persona flexible que podía ceder. "Tomad de lo mejor de la tierra en vuestros sacos, y llevad a aquel varón un presente, un poco de bálsamo, un poco de miel, aromas y mirra, nueces y almendras". Esto muestra que Jacob, un hombre ya viejo, ahora estaba lleno de bondad. "Y tomad en vuestras manos doble cantidad de dinero, y llevad en vuestra mano el dinero vuelto en las bocas de vuestros costales; quizá fue equivocación" (v. 12). El quería devolver el dinero que habían hallado. Ya no actuó como en el pasado cuando tomaba los bienes de otros como que si fueran suyos. "Tomad también a vuestro hermano, y levantaos, y volved a aquel varón" (v. 13). Jacob consintió en dejar ir a Benjamín, y dijo: "Y el Dios Omnipotente os dé misericordia delante de aquel varón, y os suelte al otro vuestro hermano, y a este Benjamín. Y si he de ser privado de mis hijos, séalo" (v. 14). Este Jacob era totalmente diferente del Jacob de antes. ¡Dios le quitaba a su hijo más querido; su hijo menor, Benjamín, se desprendió de él! A pesar de toda una vida de labor, se había quedado sin nada. Dios lo había despojado. Jacob dijo: "Y si he de ser privado de mis hijos, séalo". Parecía decir: "Tengo un sólo deseo: que el Dios Omnipotente, el Dios que conocí en Bet-el, os dé misericordia delante de aquel varón, y os suelte al otro hermano vuestro y a Benjamín". Si uno lee la historia de Jacob como una persona desconocida, es posible que no lo entienda, pero si uno se pone en la situación de él, comprenderá qué clase de persona era él para ese entonces. Anteriormente él era una persona hábil, sagaz y suplantadora, pero ahora había sido transformado en una persona flexible, tierna y amorosa. ¡Cuánto tuvo que haber obrado Dios en él!

UN JACOB RESPLANDECIENTE

Lo que mencionamos no revela suficientemente el esplendor de Jacob. De aquí en adelante, Jacob se convirtió en una persona que resplandecía. Cuando sus hijos volvieron de Egipto la segunda vez y le dijeron: "José vive aún; y él es señor en toda la tierra de Egipto", el corazón de Jacob se afligió, porque no les creía (Gn. 45:26). Más adelante, cuando vio los carros que José enviaba para llevarlo, su espíritu revivió. "Entonces dijo Israel: Basta; José mi hijo vive todavía; iré, y le veré antes que yo muera" (v. 28). Notemos los casos en que la Biblia se refiere a él como Jacob y aquellos en que lo llama Israel. Jacob ya era una persona tierna. Si hubiera sido el Jacob de veinte o cuarenta años antes, probablemente se habría enfurecido enérgicamente contra sus hijos [al enterarse de lo que habían hecho]. Pudo haberles dicho: "¿Por qué me han tenido engañado por tanto tiempo?" Pero lo único que dijo fue: "Basta ... iré, y le veré antes que yo muera". Aquí percibimos una delicadeza, una madurez y una templanza que han sido refinadas por el fuego. Dentro de este Jacob el Espíritu Santo había forjado algo que no se encontraba en el Jacob de antes.

Aunque Jacob dijo: "Iré, y le veré", surgió un interrogante dentro de él. Parecía decir: "¿Puedo en verdad ir a Egipto? ¿Puedo descender a Egipto por amor a José? Abraham, mi abuelo, pecó al descender a Egipto. Fue reprendido y volvió. Isaac, mi padre, quiso ir a Egipto cuando hubo hambre, pero

Dios se le presentó y le advirtió que no fuera. El obedeció el mandato de Dios, y Dios lo bendijo. Ahora, yo, habiendo heredado las promesas de Abraham e Isaac, ¿he de descender a Egipto por causa de José? José es mi hijo amado y, por ser gobernador en Egipto, no podrá venir a mí, pero ¿es este lazo entre padre e hijo razón suficiente para que yo descienda a Egipto? Si desciendo a Egipto, ¿qué será del mandato de Dios? ¿Qué será de Sus promesas? ¿Qué será de esta tierra, la cual es la heredad de Dios? Si desciendo a Egipto, ¿perecerá acaso este linaje? ¿Cómo sé preservará el linaje de Abraham e Isaac? Este era un problema. Jacob temía equivocarse. Por tanto, cuando llegó a Beerseba, se detuvo y ofreció sacrificios a Dios (Gn. 46:1).

En esta ocasión Jacob resplandecía más que nunca. Cuando dejó que Benjamín fuera a José, dijo: "El Dios Omnipotente os dé misericordia delante de aquel varón, y os suelte al otro vuestro hermano, y a este Benjamín". Esto revelaba que Jacob había llegado a una condición espiritual que no tenía antes. Ahora se preocupaba por las promesas, el plan, la herencia y el pacto de Dios. Se convirtió en una persona temerosa y por eso, se dirigió a Beerseba y "ofreció sacrificios al Dios de su padre Isaac". Esto muestra que ya no era el de antes. Al ofrecer sacrificios a Dios, parecía decirle: "Aquí estoy para servirte; todo lo que tengo lo pongo sobre el altar. No me importa si voy o no. Esta es mi actitud delante de Ti". Si vemos lo que Dios le dijo en el siguiente pasaje, entenderemos lo que sentía Jacob en aquel momento. "Y habló Dios a Israel en visiones de noche, y dijo: Jacob, Jacob. Y él respondió: Heme aquí. Y dijo: Yo soy Dios, el Dios de tu padre; no temas de descender a Egipto, porque allí yo haré de ti una gran nación" (vs. 2-3). Esto prueba que Jacob tenía temor. Damos gracias a Dios, pues este temor revela lo que Dios había hecho en él. El recelo de Jacob en cuanto a descender a Egipto por amor a José muestra que había alcanzado algo que ni Abraham ni Isaac habían alcanzado. Abraham descendió a Egipto su propia decisión cuando se enfrentó al hambre; Isaac quiso descender a Egipto cuando se enfrentó al mismo problema, pero afortunadamente Dios se lo impidió. Sin embargo, en este caso Dios no lo impidió. Jacob se detuvo a

medio camino, pues lo había emprendido por sus propios medios. Pensó en las promesas y el pacto de Dios, y tuvo temor. ¿Qué debía hacer? Sólo podía hacer una cosa: ofrecer sacrificios a Dios. Debía ir al altar del sacrificio. Esperó hasta que Dios le dijo: "No temas de descender a Egipto, porque allí yo haré de ti una gran nación. Yo descenderé contigo a Egipto, y yo también te haré volver". Al oír estas palabras se atrevió a levantarse de Beerseba. ¡Esto era lo que el Espíritu Santo había forjado en él! El era otra persona, totalmente diferente de la que había sido antes. Esta persona había sido constituida y establecida por el Espíritu Santo, y era el testimonio de El.

UN JACOB QUE MANTIENE SU POSICION

Jacob descendió a Egipto, vio a José y se estableció en la tierra de Gosén. Luego José lo presentó delante de Faraón. Génesis 47:7 dice: "También José introdujo a Jacob su padre, y lo presentó delante de Faraón: y Jacob bendijo a Faraón". ¡Qué escena tan hermosa! Aunque Jacob era el padre del gobernador, desde el punto de vista humano, su posición era inferior a la de Faraón. Además, él estaba ahí como un exiliado, como uno que huía del hambre. El vino a la tierra de Faraón esperando recibir de él alimento y sustento. ¡Cuánto tenía que depender de Faraón! Si hubiera sido el Jacob de antes, ¿qué hubiera hecho al encontrarse con él? Al encontrarse con su hermano Esaú, humildemente lo llamó "mi señor" y se refirió a sí mismo como "tu siervo". Al presentarse ante el rey de Egipto, ¿no debió haber sido más adulador para con Faraón? Pero el caso fue totalmente diferente. Al entrar a la presencia de Faraón, lo bendijo. Hebreos 7:7 dice: "Y sin discusión alguna, el menor es bendecido por el mayor". Jacob no se sentía como un refugiado, como un hombre que huía del hambre. El rango alto y elevado de Faraón no lo deslumbró. Aunque Egipto era el país más poderoso en aquel tiempo y Faraón era su rey y también el protector de Jacob, éste no perdió su porte en su presencia. Aunque para el mundo, el rango de Faraón era elevado, Jacob sabía que dicha posición no tenía nada de elevado espiritualmente. Por consiguiente, Jacob pudo bendecir a Faraón; mantuvo su posición espiritual. "Y dijo Faraón a Jacob: ¿Cuántos son los días de los años de tu vida? Y Jacob respondió a Faraón: Los días de los años de mi peregrinación son ciento treinta años; pocos y malos han sido los días de los años de mi vida, y no han llegado a los días de los años de la vida de mis padres en los días de su peregrinación" (Gn. 47:8-9). Las palabras de Jacob fueron muy personales: "Pocos y malos han sido los días de los años de mi vida, y no han llegado a los días de los años de la vida de mis padres". El conocía su propia condición. No se sentía grande ni poderoso en absoluto. "Y Jacob bendijo a Faraón, y salió de la presencia de Faraón" (v. 10). Antes de salir volvió a bendecir a Faraón. Al leer esto lo único que podemos decir es que Jacob era una persona amable.

Jacob era competidor, egoísta y codicioso por naturaleza. Ahora en Egipto, al bendecir a Faraón y al tener a un hijo suyo como gobernador, Jacob tenía una buena oportunidad para recibir reconocimiento tanto de Faraón como de su hijo. Pero no se interesó en eso. Así como el Jacob anciano se había retraído a un plano secundario en la tierra de Canaán, así se mantuvo al margen en Egipto. Durante aquellos años, Jacob sencillamente se retiró del primer plano. Si hubiera sido el Jacob de antes, no sabemos qué habría hecho con semejante oportunidad. Anteriormente buscaba soluciones aun cuando no las había. Cuando se encontró con Labán, una persona codiciosa, pudo encontrar maneras de sonsacarle algo. Aquellos días ya habían pasado. Jacob había dejado de ser Jacob y se había convertido en Israel.

Debemos leer la historia de los últimos años de Jacob a la luz de la condición de sus primeros años. En sus primeros años él era una persona activa y astuta. Pero en sus últimos años no hablaba ni actuaba mucho. El era el Israel que se había relegado al segundo plano. Este es el resultado de la obra de Dios. Muchas veces, la obra más grande de Dios consiste en hacer que dejemos de actuar, hablar y sugerir ideas. Dios había cumplido Su obra en Jacob. Consecuentemente, vemos a un Jacob que no dice nada ni hace nada, y que ha sido despojado de todo.

"LA LUZ DE LA AURORA VA EN AUMENTO HASTA QUE EL DIA ES PERFECTO"

Jacob vivió en Egipto diecisiete años. Los días que viviría en la tierra llegaban a su fin. Durante el tiempo que vivió en la tierra de Gosén tuvo una vida normal, y no hubo acontecimientos importantes para él. Sin embargo, durante esos diecisiete años no perdió su lozanía ni dejó de progresar. Resplandecía más y más hasta que llegó a su cenit. Su muerte marcó el cenit de su resplandor. Pedimos a Dios que nos conceda tener un final como el de Jacob.

Génesis 47:28-30 dice: "Y vivió Jacob en la tierra de Egipto diecisiete años; y fueron los días de Jacob, los años de su vida, ciento cuarenta y siete años. Y llegaron los días de Israel para morir, y llamó a José su hijo, y le dijo: Si he hallado ahora gracia en tus ojos, te ruego que pongas tu mano debajo de mi muslo, y harás conmigo misericordia y verdad. Te ruego que no me entierres en Egipto. Mas cuando duerma con mis padres, me llevarás de Egipto y me sepultarás en el sepulcro de ellos. Y José respondió: Haré como tú dices".

Es interesante notar que mientras Jacob estaba en la tierra de Egipto, nunca le expresó a su hijo la clase de vivienda ni de sustento que quería. Pero ahora le decía: "Cuando duerma con mis padres, me llevarás de Egipto y me sepultarás en el sepulcro de ellos". El no se preocupaba por lo que había de comer o vestir en la tierra de Egipto, pues estas cosas no le interesaban. Aceptó lo que su hijo le dio. Sin embargo fue muy específico acerca del lugar donde habría de ser sepultado cuando muriera, porque esto tenía que ver con la promesa de Dios, con la tierra de dicha promesa y con el reino que Dios establecería. Anteriormente, Jacob era un hombre que sólo se interesaba por su propia ganancia. Pero ahora no le preocupaba su comodidad personal, sino el pacto entre Dios y Su casa, es decir, la posición que Abraham, Isaac y Jacob tenían en el testimonio de Dios. El Jacob de antes era una persona astuta que reprendió a sus hijos Simeón y Leví. El Jacob actual llamó dócilmente a su hijo José. Anteriormente, cuando José le había dicho a Jacob que había soñado que el sol, la luna y las once estrellas se inclinaban a él, Jacob lo reprendió y le dijo: "¿Acaso vendremos yo y tu madre y tus hermanos a postrarnos en tierra ante ti" (Gn. 37:10). Ahora él llamaba a su hijo y, sin reproche, le decía en un tono apacible: "Si he hallado ahora gracia en tus ojos..." Ciertamente este era un hombre maduro. El dijo: "Te ruego que pongas tu mano debajo de mi muslo, y harás conmigo misericordia y verdad. Te ruego que no me entierres en Egipto". El expresó las cosas más importantes con las palabras más tiernas. Le dijo: "Mas cuando duerma con mis padres, me llevarás de Egipto y me sepultarás en el sepulcro de ellos". Estas palabras nos muestran que Dios había forjado un carácter nuevo en Jacob.

Las palabras que siguen son admirables: "Entonces Israel se inclinó sobre la cabecera de la cama" (v. 31). La expresión "sobre la cabecera de la cama" corresponde a la expresión "apoyado sobre el extremo de su bordón", la cual se cita en el libro de Hebreos (11:21). Creemos que desde que Jacob quedó cojo, usaba un bordón. Por un lado, el bordón mostraba su cojera; por otro, indicaba que era un peregrino. Ahora él adoraba a Dios mientras se apoyaba sobre el extremo de su bordón. Con esto le decía a Dios: "Todo lo que Tú has hecho conmigo es lo mejor. Por todo esto, te adoro".

En el capítulo cuarenta y ocho Jacob se enfermó, y José le trajo a sus dos hijos. Jacob dijo a José: "El Dios Omnipotente me apareció en Luz en la tierra de Canaán, y me bendijo, y me dijo: He aquí yo te haré crecer, y te multiplicaré, y te pondré por estirpe de naciones; y daré esta tierra a tu descendencia después de ti por heredad perpetua" (vs. 3-4). Para él el nombre de Dios era "el Dios Omnipotente". El no se acordaba de que competía con su hermano, de cómo había obtenido la primogenitura ni de cómo le había quitado la bendición a su hermano. Lo único que recordaba era su relación con Dios.

Jacob le dijo a José: "Y ahora tus dos hijos Efraín y Manasés, que te nacieron en la tierra de Egipto, antes que viniese a ti a la tierra de Egipto, míos son; como Rubén y Simeón, serán míos. Y los que después de ellos has engendrado, serán tuyos; por el nombre de sus hermanos serán llamados en sus heredades. Porque cuando yo venía de Padan-aram, se me murió Raquel en la tierra de Canaán, en el camino, como media legua de tierra viniendo a Efrata; y la sepulté allí en el camino de Efrata, que es Belén" (vs. 5-7). Esto era lo que él recordaba. Aquí vemos su persona y su actitud con respecto a Dios y a los hombres. Esto nos muestra claramente que él ahora era otra persona, pues ahora expresaba sentimientos y ternura.

"Y vio Israel los hijos de José, y dijo: ¿Quiénes son éstos? Y respondió José a su padre: Son mis hijos, que Dios me ha dado aquí. Y él dijo: Acércalos ahora a mí, y los bendeciré" (vs. 8-9). Al bendecir a los dos hijos de José, Jacob extendió su mano derecha y la puso sobre la cabeza de Efraín, y su mano izquierda, sobre la cabeza de Manasés. Aunque Efraín era el menor y Manasés el primogénito, Israel puso su mano derecha sobre la cabeza del más joven y su izquierda sobre el primogénito. Al ver esto, José le dijo: "No así, padre mío". Y respondió Israel: "Lo sé, hijo mío, lo sé". Esto nos muestra que Jacob sabía lo que Isaac no supo; tenía más claridad que Isaac. Cuando Isaac bendijo a su hijo menor, él lo bendijo por engaño, pero Israel estaba perfectamente consciente de lo que hacía al bendecir al hijo menor de José. Ni la vista de Isaac ni la de Jacob eran muy claras debido a la vejez, pero la vista interior de Israel era perfecta. El dijo: "Lo sé, hijo mío, lo sé". Sabía que Dios quería que Efraín estuviera por encima de Manasés y que el mayor sirviera al menor. He aquí un hombre que había llegado a conocer los pensamientos de Dios, que tenía comunión con Dios y que conocía a Dios a tal grado que podía vencer la debilidad de su cuerpo. Lo que no podían ver sus ojos físicos, lo veían sus ojos internos. ¡El resplandor de Israel ciertamente había llegado a su cenit!

Después de repartirles la bendición, les indicó que Egipto no era el hogar de ellos. "Y dijo Israel a José: He aquí yo muero; pero Dios estará con vosotros, y os hará volver a la tierra de vuestros padres" (v. 21). Les decía: "Aunque estéis prosperando ahora en Egipto, tened presente que estáis aquí de paso. Nuestra heredad es el propósito y la promesa de Dios, y somos Su pueblo. Después de mi muerte, Dios estará con vosotros y os hará volver a Canaán. Debéis cumplir Su propósito".

Al final, Jacob llamó a sus hijos y los juntó para decirles lo que sería de ellos en el futuro. Al profetizar con respecto a sus doce hijos, él se refirió a incidentes del pasado de ellos. No le fue fácil hablar de esta manera porque al hablar del pasado de ellos, recordaba su propio pasado. Por lo general, un hijo expresa lo que es su padre. Por tanto, cuando Jacob habló de las debilidades, perversidades e inmundicias de sus hijos, era como si hablase de sí mismo. Sus palabras en cuanto al pasado de sus hijos eran en realidad la descripción de su propio pasado. Lo que dijo acerca del futuro de sus hijos no fue tan positivo. Aún así, sus palabras estaban llenas de compasión y de bondad.

Sólo necesitamos examinar un caso para descubrir la gran diferencia que hay entre esta persona y el Jacob del pasado. Cuando Simeón y Leví mataron a todos los varones de aquella ciudad a raíz de lo que había sucedido con Dina, Jacob les dijo: “Me habéis turbado con hacerme abominable a los moradores de esta tierra, el cananeo y el ferezeo; y teniendo yo pocos hombres, se juntarán contra mí y me atacarán, y seré destruido yo y mi casa” (Gn. 34:30). Esto fue lo que dijo en Siquem. Pero ahora lo menciona de otra manera: “Simeón y Leví son hermanos; armas de iniquidad sus armas. En su consejo no entre mi alma, ni mi espíritu se junte en su compañía. Porque en su furor mataron hombres, y en su temeridad desjarretaron toros. Maldito su furor, que fue fiero; y su ira, que fue dura” (49:5-7). Lo que él veía ahora no tenía que ver con sus intereses personales, sino con el pecado y la maldad. Anteriormente, todo su enfoque era el interés personal, las ganancias y las pérdidas. El pensaba, “¿Qué vamos a hacer si el pueblo de Siquem se levanta y se venga por lo que hemos hecho?” Pero ahora decía: “En su consejo no entre mi alma”. Esto significa que él no podía tomar parte en tal matanza, que esta crueldad debía ser condenada. Aquí vemos a un nuevo Jacob; un Jacob limpio, puro y diferente. Su carácter no era el de antes.

“Dan juzgará a su pueblo, como una de las tribus de Israel. Será Dan serpiente junto al camino, víbora junto a la senda, que muerde los talones del caballo, y hace caer hacia atrás al jinete” (vs. 16-17). Su profecía acerca del futuro de Dan no era muy buena; Dan tenía naturaleza de serpiente en todos los aspectos, y de él saldría mucha rebelión. En ese momento Jacob añadió inmediatamente: "Tu salvación esperé, oh Jehová" (v. 18). Quiso decir: "No puedo hacer nada en cuanto a esta clase de rebelión; sólo puedo esperar que Dios trajera salvación". Estas palabras revelan su nuevo carácter. Mientras profetizaba, tenía su esperanza en la salvación de Dios.

Génesis 49 contiene las profecías de Jacob acerca de sus doce hijos. Al final, todas estas profecías se cumplieron. Jacob era profeta. Había llegado a conocer la intención de Dios, y la comunicó a sus hijos. Jacob llegó a saber más que Abraham e Isaac. El pudo predecir lo que habría de acontecer a Manasés, a Efraín y a las doce tribus. Esto prueba que él era un hombre que tenía comunicación con Dios.

En sus primeros años, Jacob era una persona desahuciada, pero Dios hizo de él un vaso útil. De aquel Jacob sagaz, astuto y obstinado obtuvo un vaso. Cuanto más leemos acerca de los últimos años de Jacob, más percibimos su amabilidad. En él vemos un hombre a quien Dios había quebrantado. En él vemos la obra constitutiva del Espíritu Santo y su respectivo resultado. Sólo podemos decir que nuestro Dios es un Dios lleno de sabiduría, gracia y paciencia y que siempre termina lo que empieza.

Después que Jacob terminó sus profecías, la Biblia narra lo siguiente: "Todos éstos fueron las doce tribus de Israel" (v. 28). Cuando Jacob estaba a punto de morir, las doce tribus habían sido formadas; el pueblo de Dios había sido formado. Hermanos y hermanas, hoy Dios también busca tener un grupo de personas para que sean Su vaso y cumplan Su propósito. Por medio de ellas todas las naciones de la tierra serán bendecidas. Lo que Dios hizo por medio de Israel es un tipo de lo que quiere hacer por medio de la iglesia. La comisión de la iglesia es cumplir la obra de restauración. La iglesia es el vaso de Dios mediante el cual lleva a cabo Su obra de restauración. Para ser el vaso que lleve a cabo la obra de restauración, la iglesia necesita conocer al Dios de Abraham, al Dios de Isaac y al Dios de Jacob. Esto no significa que se necesite que algunos sean Abraham, Isaac y Jacob. Lo que significa es que todos nosotros debemos conocer al Dios de Abraham, al Dios de Isaac y al Dios de Jacob. Después de haberlo conocido, llegaremos a ser Su vaso y así podemos cumplir Su propósito.

Nunca debemos estar satisfechos con una experiencia espiritual mediocre. La Palabra de Dios nos dice que El desea que le experimentemos en tres aspectos: en conocer al Padre, como lo conoció Abraham, en disfrutar a Dios como lo disfrutó Isaac, y en ser quebrantados por Dios como lo fue Jacob. Estos tres aspectos representan una experiencia y un conocimiento definidos; no son doctrinas ni letra muerta. La intención de Dios es darnos la visión, la revelación y la disciplina del Espíritu Santo a fin de guiarnos paso a paso hasta que lleguemos a ser un vaso útil para cumplir Su propósito. Que Dios nos conceda Su gracia para que podamos ver esta visión claramente.

La meta de Dios es Cristo, y si en nosotros vive Cristo entonce al tratar él señor con la vida natural mia, la obra estará acabada por Cristo vivirá plenamente en mi.
Se me ocurre pensar que muchos de nosotros conocemos al padre, al hijo + no al Espíritu Santo porque es él quien forja a Cristo en nosotros amén.

CAPITULO DOCE

LA CONSTITUCION DEL ESPIRITU

Lectura bíblica: He. 12:5-7, 9-11; Gá. 5:22-23; 4:19; 1 Co. 3:12, 14; Gn. 2:12; Fil. 4:11-12

El título "el Dios de Jacob" alude a la forma en que el Espíritu Santo disciplinó a Jacob, intervino en su vida natural, forjó a Cristo en él y produjo el fruto del Espíritu en él. Para conocer al Dios de Jacob, es necesario conocer la obra de constitución que lleva a cabo el Espíritu y el fruto que El produce. Por lo tanto, si nosotros deseamos conocer al Dios de Jacob, debemos permitir que el Espíritu haga Su obra en nosotros, le dé fin a nuestra vida natural, forje a Cristo en nuestro ser y produzca el fruto del Espíritu en nosotros para que lleguemos a ser los vasos que expresan el testimonio de Dios.

Dios interviene en nuestra vida natural con el fin de conducirnos a la obra del Espíritu, la cual consiste en cortar, procesar y forjar. ¿Qué significa esta constitución? La constitución a la que nos referimos aquí es el entrecruce vertical y horizontal de un tejido. La constitución que realiza el Espíritu forja a Cristo en nuestro ser hasta el punto en que nosotros y Cristo llegamos a ser uno. Por consiguiente, experimentar la obra constitutiva del Espíritu es un paso más avanzado que se da al experimentar a Cristo como nuestra vida. Cristo como nuestra vida es el fundamento, y el Cristo que el Espíritu constituye o forja en nosotros es la madurez. Puesto que Cristo es nuestra vida, El está en nosotros y vive en lugar de nosotros. La obra constitutiva del Espíritu implica que El forja a Cristo en nosotros hasta hacer que el carácter de Cristo llegue a ser el nuestro. La meta de Dios al intervenir en nuestra vida natural es hacer que recibamos la constitución del Espíritu. Conocer al Dios de

Isaac es conocer al Dios que nos dio a Cristo como nuestro disfrute. Conocer al Dios de Jacob es conocer al Espíritu que forja a Cristo en nuestro ser. Esta experiencia es semejante a la manera en que se entreteje y se elabora un bordado.

PARTICIPES DE LA SANTIDAD DE DIOS

Hebreos 12:9-10 dice que El Padre de los espíritus nos disciplina "para lo que es provechoso, para que participemos de Su santidad". Dios nos disciplina y el Espíritu obra en nosotros paso a paso, al hacernos atravesar muchas dificultades y situaciones adversas, con el propósito de hacernos partícipes de Su santidad. "Su santidad" en este caso no se refiere a la santificación de la que habla 1 Corintios 1:30, donde se hace alusión al hecho de que Cristo es nuestra santificación. Hebreos 12 habla del Padre de los espíritus, el cual nos hace pasar a través de quebrantos y pruebas para que participemos de Su santidad, la cual se forja como resultado de la disciplina y se produce por lo que hace el Espíritu en todas las dificultades y circunstancias adversas a las que nos enfrentamos. "Es verdad que ninguna disciplina al presente parece ser causa de gozo, sino de tristeza; pero después da fruto apacible de justicia a los que por ella han sido ejercitados" (He. 12:11). Este es el resultado de la obra que el Espíritu Santo hace en nosotros.

Algunos cristianos tienden a exhibir su vida natural y son como Ezequías, quien se complacía en hacer alarde de todo lo que tenía (2 R. 20:12-13). Cuando Dios los sana de alguna enfermedad, no cesan de "testificar" de ello. En realidad, esto no es testificar, sino hablar ociosamente. A menudo se vuelven a enfermar de lo mismo debido a que tienen la tendencia a aparentar; y por eso mismo, Dios se ve obligado a disciplinarlos. Una vez que se cansan de exhibirse, espontáneamente dejaran de dar sus "testimonios" jactanciosos. Ya no necesitarán hacer grandes esfuerzos por no jactarse más, pues habrán sido quebrantados por Dios al grado de producir fruto espontáneamente y ya no actuarán como lo hacían antes. Esto es lo que forja el Espíritu en ellos. Dios no sólo nos dio a Cristo para que sea nuestra vida, sino que también forja a Cristo en nuestro ser para que sea nuestro carácter. Cristo como nuestra vida es el fundamento; la naturaleza de Cristo como nuestra naturaleza es lo que forja el Espíritu. El Espíritu quebranta nuestra vida natural con el fin de producir un nuevo carácter en nosotros. Dios utiliza muchas maneras de disciplinarnos a fin de que participemos de Su santidad y produzcamos el fruto apacible de justicia.

Esto es lo que nos muestra la historia de Jacob. Jacob no sólo llegó a comprender que Dios es el comienzo de todo y la fuerza que lo sostiene todo; él también adquirió un nuevo carácter. Dios obró y constituyó en él el carácter de Cristo de tal manera que el carácter de Cristo fue forjado en él. En sus últimos años, Jacob cambió por completo debido a que el carácter de Cristo había sido forjado en él.

EL FRUTO DEL ESPIRITU

Gálatas 5:22-23 dice: "Mas el fruto del Espíritu es amor, gozo, paz, longanimidad, benignidad, bondad, fidelidad, mansedumbre, dominio propio". Esto nos muestra que "amor, gozo, paz, longanimidad, benignidad, bondad, fidelidad, mansedumbre, dominio propio" no son virtudes dadas por el Espíritu Santo, sino el fruto que el Espíritu Santo produce en nosotros. El fruto del Espíritu Santo indica que hemos asimilado algo de Cristo, lo cual hace que estas cosas lleguen a ser nuestro carácter y nuestras características personales. Este es el significado del fruto del Espíritu. A esto nos referimos cuando decimos que el Espíritu Santo está forjando a Cristo en nosotros. El Espíritu Santo está haciendo una sola obra, la cual consiste en quebrantar nuestra vida natural y constituir a Cristo en nosotros, haciendo que el carácter de Cristo llegue a ser el nuestro a fin de que el amor, el gozo, la paz, la longanimidad, la benignidad, la bondad, la fidelidad, la mansedumbre y el dominio propio se expresen espontáneamente en nuestra vida y produzcamos así el fruto del Espíritu. Esto es lo que Dios nos ha mostrado hoy en día.

CRISTO SE FORMA EN NOSOTROS

Pablo les dice a los Gálatas que él volvía a sufrir dolores de parto hasta que Cristo fuese formado en ellos (Gá. 4:19). Dios dio a Cristo a los creyentes, lo cual constituye el primer paso. Pero Dios desea hacer una obra más profunda, la cual consiste en formar a Cristo en nosotros. Dios quebranta nuestra vida natural para que Cristo se pueda formar en nosotros, o sea, que Cristo sea forjado y constituido en nosotros.

Pedro era una persona de carácter fuerte. Su vida natural siempre lo hacía sobresalir entre los demás. Una vez que Dios tocó su vida natural, su parte fuerte se debilitó. No obstante, la debilidad de Pedro no fue el fin. Dios siguió forjando a Cristo en su ser. Como resultado, los que se relacionaban con él, se daban cuenta de que su ser había sufrido un cambio y que era una nueva persona. ¿Cuál es la extensión de la obra del Espíritu? El obra hasta que Cristo sea constituido y formado en nosotros.

Pablo dijo en Filipenses 4:11: "He aprendido". Este era el resultado de que Cristo se hubiese formado en él. Pablo aprendió poco a poco. El aprendió a "estar humillado" y a "tener abundancia". El dijo: "He aprendido a contentarme, cualquiera que sea mi situación". Y añade: "En todas las cosas y en todo he aprendido el secreto" (v. 12). Pablo había experimentado un cambio fundamental. Así que, no sólo necesitamos que Cristo more en nosotros como nuestra vida, sino también que se forme en nosotros. No sólo debemos tener al Cristo que Dios nos da, sino también al Cristo que asimilamos y que luego se forma en nosotros. Esto es lo que Dios desea que alcancemos. Esto es lo que significa conocer al Dios de Jacob.

LA FORMACION DE LAS PIEDRAS PRECIOSAS

Necesitamos prestar especial atención a tres pasajes de la Escritura. Un pasaje es Génesis 2, donde se mencionan el oro y las piedras preciosas. Otro pasaje es 1 Corintios 3, donde nos dice que el oro y las piedras preciosas son edificadas sobre un fundamento. El tercer pasaje es Apocalipsis 21, donde se nos dice que la Nueva Jerusalén era de oro puro y que los cimientos del muro de la ciudad estaban adornados con toda piedra preciosa. El propósito de Dios no se limita al oro y la plata, pues también incluye las piedras preciosas. Sabemos que el oro tipifica a Dios el Padre. Todo lo que proviene de

Dios es oro. La plata representa la redención y tipifica al Hijo. La plata se refiere a todos los dones que Cristo da. ¿Qué se puede decir de las piedras preciosas? Las piedras preciosas no son como el oro y la plata, que son elementos naturales. Las piedras preciosas son entidades compuestas de varios elementos y se forman mediante un proceso de intenso calor subterráneo. El calor continuo provoca una reacción química que produce las piedras preciosas. Aún así, ellas son gemas hermosas y valiosas sólo después de ser talladas, cortadas y pulidas. Así que, las piedras preciosas tipifican la obra que hace el Espíritu Santo en el hombre. Día tras día, el Espíritu obra en nosotros, nos desbasta, nos quebranta y forja a Cristo hasta formarlo en nosotros. El Espíritu nos conduce por muchas dificultades y circunstancias a fin de que Cristo sea forjado en nuestro ser. Cuando el Cristo que mora en nosotros deja de ser solamente el Cristo que Dios nos da, y llega a ser el Cristo digerido y asimilado por nosotros, entonces llegamos a ser las piedras preciosas.

En Génesis 2 se encuentran el oro y las piedras preciosas, pero no se menciona la plata. Según el plan eterno de Dios, esto significa que todo proviene de El y que el Espíritu Santo forja a Cristo en nosotros. La plata representa al Cristo que Dios nos ha dado; sin embargo, esto solo no basta. Dios desea que Cristo sea constituído o forjado en nosotros, es decir, que lo digeramos y asimilemos para que se forme en nuestro ser hasta que lleguemos a ser piedras preciosas. Dios logrará Su meta en el cielo nuevo y en la tierra nueva, donde sólo habrá oro y piedras preciosas, pero no plata, pues ésta se habrá convertido en piedras preciosas. Consecuentemente, en Génesis 2 Dios usó el fruto del árbol de la vida para representar la vida que El nos da. El fruto es algo que se come y se digiere. Dios no sólo desea darnos vida, sino también que la digiramos.

Que Dios abra nuestros ojos para que veamos que en Su camino y en Su plan, El desea obtener algunos vasos que cumplan Su meta. Estos vasos necesitan conocer al Dios de Abraham y saber que todo proviene de Dios. También deben conocer al Dios de Isaac; necesitan saber que todo lo que uno recibe como disfrute y herencia es dado por Dios, y que todo depende de que nosotros estemos en Cristo y Cristo en nosotros. Además necesitan conocer al Dios de Jacob; necesitan saber que Dios quebranta nuestra vida natural y que mediante el Espíritu, El forja a Cristo en nuestro ser. Que Dios nos bendiga y nos lleve a conocerle como el Dios de Abraham, el Dios de Isaac y el Dios de Jacob a fin de que lleguemos a ser vasos que expresen Su testimonio.

Victor Díaz
8/99